筑波山

徹底パーフェクトガイド

新装版

この1冊で山歩きから観光まで！

筑波山ガイド編集室 著

裏筑波観光道路
N
1:20.000
0
500m
150
深峰歩道登山口
筑波高原キャンプ場
WC
P
つくばねオートキャンプ場
仙郷林道
深峰歩道
キャンプ場コース
東筑波ハイキングコース
コマ展望台・筑波山頂駅売店
筑波山頂駅
石岡市
セキレイ石
ガマ石
せきれい茶屋
御幸ヶ原
女体山山頂
877
女体山本殿
Cafe cielo blo
(カフェシエロブルー)
御海
紫峰杉
男女川の源流
男女川の水源
女体山駅
白雲橋コース
弁慶茶屋跡
BENKEI HUT
おたつ石コース
筑波山ロープウェイ
MINANO HUT
御幸ヶ原コース
筑波山ケーブルカー
つつじヶ丘レストハウス
筑波山京成ホテル
迎場コース
つつじヶ丘
つつじヶ丘駅
白蛇弁天
桜塚
宮脇駅
酒迎場分岐
筑波山神社
ひたち野
風返し峠
42
白滝神社
表筑波スカイライン
ホテル一望
筑波温泉つくば湯
236
筑波温泉ホテル
筑波ふれあいの里
夫女ヶ石
至 土浦北IC

日本百名山
筑波山
MAP
マップ
茨 城 県
桜川市
つくば市
つくしこ
調整池
WC
P
薬王院
薬王院コース
林道鬼ヶ作線
大石重ね
自然研究路
男体山山頂
871
男体山本殿
立身石
筑波山
林道沼田新田酒寄線
筑波山梅林
フォレスト
アドベンチャー・
つくば
筑波山観光案内所
筑波山神社入口
日升庵
大鳥居
41
42
沼田
筑膳
沼田屋
筑波山口
男女川
つくば道
至 土浦北IC
そば心
ゐ田

目次

※本書は２０２０年発行の『筑波山 徹底パーフェクトガイド この１冊で山歩きから観光まで！』の内容の情報更新と加筆・修正を行い、装丁を変更して発行したものです。

本書について
●本書で紹介している記事・情報・データなどは、2024年11月現在のものです。
●歩行時間は、地図上で算出しているため、多少の誤差が生じる場合があります。

筑波山の魅力

大人から子どもまで楽しめるスポットが満載。筑波山の魅力と人気の理由を紹介。

日本百名山でもある秀峰「筑波山」。豊富な自然と変化に富んだハイキングコース。筑波山神社、グルメ、パワースポット、温泉など、その魅力を解説します。

Power spot

エネルギースポット

筑波山神社、登山ルートには多くのパワースポットがある。奇岩・怪石が数多く飽きさせない。また、石に願い事を書いて納める「大石重ね」などもある。

パワースポット

Gourmet

名物つくばうどん

具だくさんの「つくばうどん」が名物。また、つくば鶏山賊焼き、豚丼や筑波山をイメージしたカレー、けんちんうどんも美味だ。

グルメ

Spa

温泉（日帰り温泉）

筑波山には温泉がある。標高の高い所にあるので、露天風呂からの景色、夜景は最高！登山の後、日帰り入浴ができる温泉ホテルもあるので、利用したい。

スパ

Nature

ハイキング＆登山コース

初心者から中級者まで、体力に合ったコースが選べる。コース内には名所も多く楽しませてくれる。ケーブルカーやロープウェイもあるので、手軽に山頂まで行けるのも魅力。

自然

Mystery

筑波山神社

筑波山を御神体とする筑波山神社。山麓に拝殿、男体山と女体山の山頂にそれぞれ本殿がある。縁結びの神様としても有名。拝殿の大神鈴の割れ目はハートの形をしている。

神秘

Souvenir

豊富なおみやげ

筑波山といえば、ガマが有名。ガマの油をはじめ、ガマまんじゅう、ガマせんべい、ガマの置物なども。七味唐辛子は、江戸時代から作られている筑波の特産品。

おみやげ

筑波山

男体山 ← 徒歩約15分 — 筑波山頂駅
女体山 ← 徒歩約20分 — 筑波山頂駅
女体山 ← 徒歩約10分 — 女体山駅

・自然研究路

ケーブルカー（約8分）
ロープウェイ（約6分）

白雲橋コース／御幸ヶ原コース
・おたつ石コース
・迎場コース

ケーブルカー宮脇駅 — 徒歩約15分 — 筑波山神社 — 筑波山神社入口
ロープウェイつつじヶ丘駅 — 徒歩約1分 — つつじヶ丘

直行筑波山シャトルバス
・つくばセンター⇔筑波山神社入口
　大人 770円・小児 390円
・つくばセンター⇔つつじヶ丘
　大人 930円・小児 470円

約10分 — 筑波山神社入口 — 約10分 — つつじヶ丘
直行筑波山シャトルバス[関鉄バス]

筑波山へのアクセス
行きたい登山コースに合わせて、便利なアクセスを選ぼう！

ケーブルカー

約8分

始発9:20　終発16:40
※季節や曜日により異なる

	片道	往復
大人	590円	1,070円
小児	300円	540円

※身障者料金・団体割引あり

ロープウェイ
約6分

始発9:20　終発17:00
※季節や曜日により異なる

	片道	往復
大人	750円	1300円
小児	380円	650円

※障がい者割引・団体割引あり

※ケーブルカー＆ロープウェイの往復セット割引乗車券あり。
　大人 1800円・小児 900円
●ケーブルカー宮脇駅 ☎029-866-0611
●ロープウェイつつじヶ丘駅 ☎029-866-0945

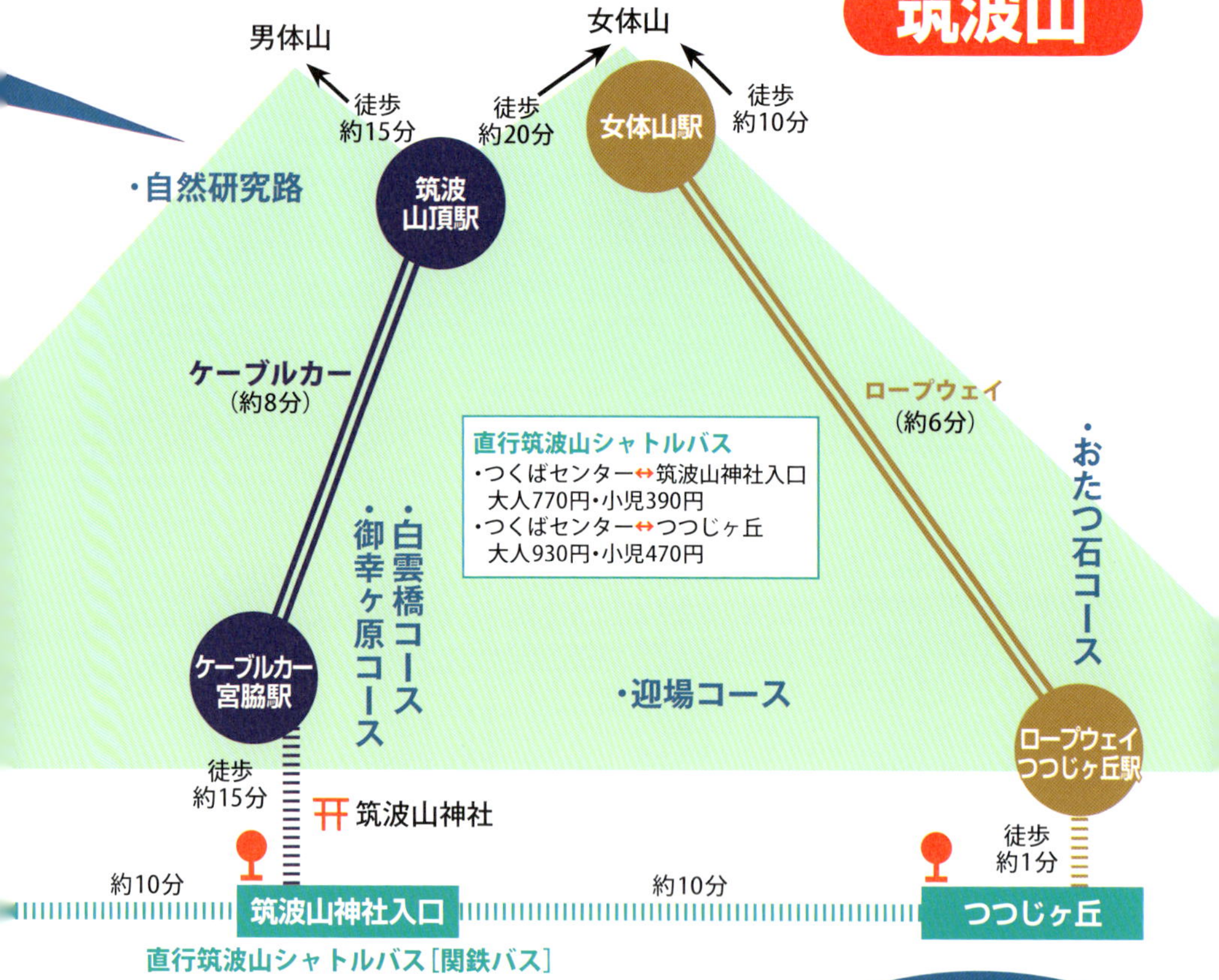

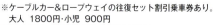

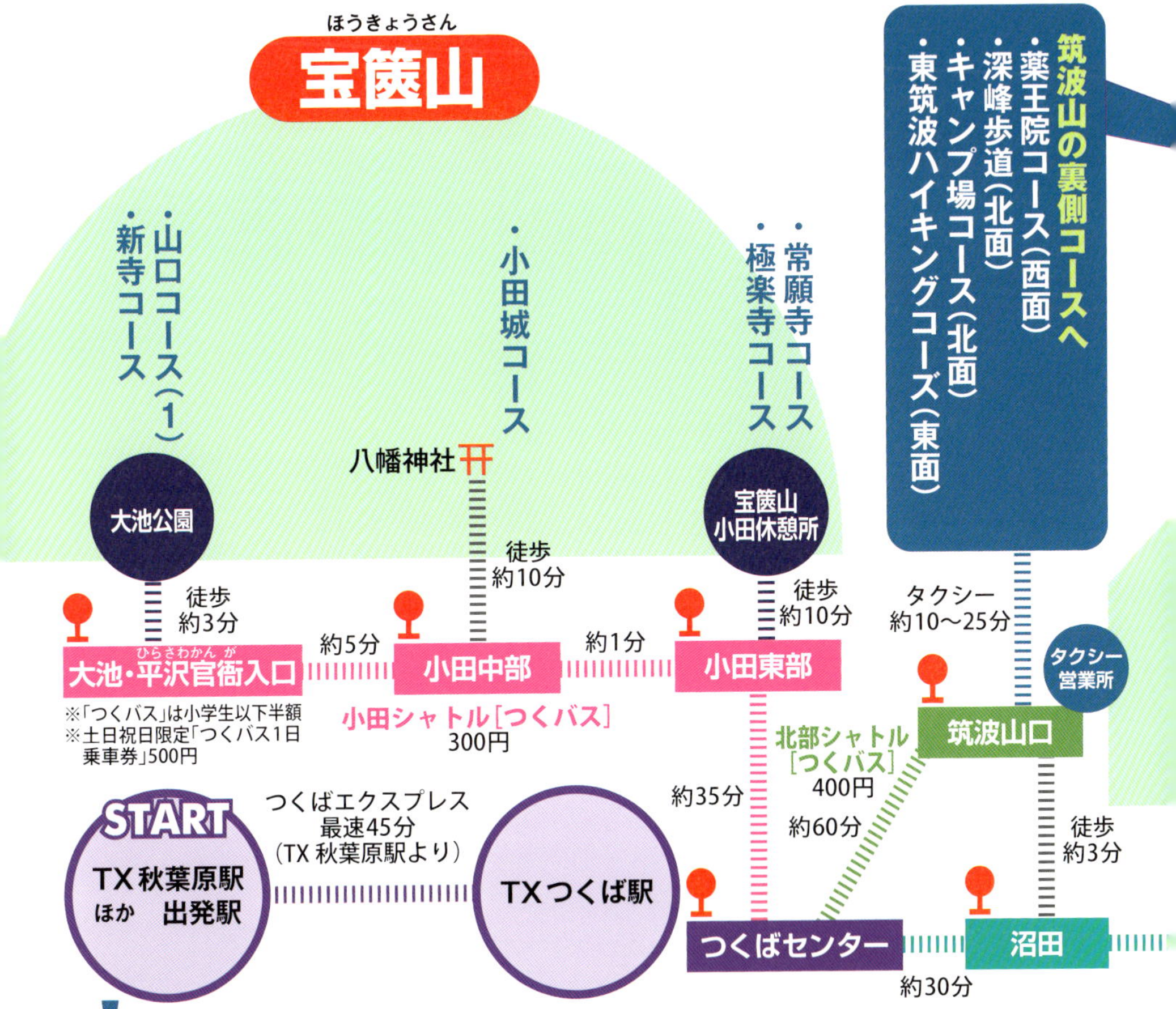

こんなアクセスも!

【電車】
JR常磐線・上野駅〜土浦駅(最速40分)
関鉄バス:土浦駅〜小田十字路、小田、大池・平沢官衙入口(宝篋山)〜筑波山口(筑波山)

【高速バス】
JR東京駅〜つくばセンター(約65分)

【クルマ】 筑波山神社へ
◎常磐自動車道・土浦北IC〜国道125号〜県道14号〜県道42号(約40分)
◎北関東自動車道・桜川筑西IC〜国道50号〜県道41号〜筑波山方面へ(約40分)

※登山コースによって違うので、各コースガイドの「Access」を参照

- つくばエクスプレス ☎0570-000-298
- 関東鉄道つくば北営業所[関鉄バス] ☎029-866-0510
- つくば市交通政策課[つくバス] ☎029-883-1111

これ1枚でお得に楽しめる!

筑波山きっぷ

日帰りでも一泊二日でも絶対にお得!!

【例】秋葉原駅より
大人 4,380円
小児 2,220円

割引往復乗車券
・つくばエクスプレス各駅↔つくば駅
・[関鉄バス]直行筑波山シャトルバス(つくばセンター〜沼田)
or [つくバス]北部シャトル

＋

乗り放題(2日間)
・筑波山シャトルバス(沼田〜つつじヶ丘)
・ケーブルカー・ロープウェイ

春夏秋冬をめいっぱい楽しむ!

筑波山の四季のイベント

1~2月、10~12月

筑波山ロープウェイ夜の空中散歩 スターダストクルージング

女体山ではLED約1万球のイルミネーションがお出迎え。眼下につくば市、土浦市、遠方には東京スカイツリーや東京都心のビル群の夜景が楽しめる。土日祝日および限定開催日あり（その年による）。※荒天、年末年始、検査時は休止［場所］ロープウェイ、つつじヶ丘駅、女体山駅
㈷筑波観光鉄道 ☎029-866-0611

1月1日

筑波山初日の出運行

関東で最も早く初日の出が見られる筑波山山頂。本州の平地で最速の千葉県犬吠埼とほぼ同じ時刻に見られる。ケーブルカーとロープウェイで山頂付近にすぐに上がれるので、筑波山神社初詣と合わせて訪れたい。
［ケーブルカー始発］4：30
［ロープウェイ始発］4：30（以上、例年）
㈷筑波観光鉄道 ☎029-866-0611

3月　春　2月　1月

1月下旬~2月下旬

筑波山福寿草まつり

筑波山におよそ3万株咲く、福を呼ぶ黄色い花を探して散策しよう。
［場所］
ケーブルカー沿線、宮脇駅周辺
㈷筑波観光鉄道 ☎029-866-0611

1月下旬

平《ひら》沢《さわ》官衙《かんが》遺跡《いせき》 新春の芝焼き

国の史跡の周囲の草地が焼き上がると、〝きずな〟〝こころ〟などその年を象徴する文字が浮かび上がる。
［場所］平沢官衙遺跡歴史ひろば
㈷つくば市役所　文化財課
☎029-883-1111

1月1日

筑波山神社元旦祭《がんたんさい》

山頂に登りご来光を拝し、安寧を祈願する。下山後には拝殿で祈祷。夜間、山頂はライトアップされ幻想的だ。
㈷筑波山神社 ☎029-866-0502

4月1日

筑波山神社 春季 御座替祭《おざがわりさい》

筑波山神社の最大の神事で、年に二度催される例大祭。親子の神が山頂本殿と中腹拝殿で神座が替わるとされ、神様の衣替えや神輿の渡御が行われる。この日だけ、三代将軍家光公奉納の御神橋を渡ることができる。
［場所］
筑波山神社山頂本殿、拝殿ほか
㊂筑波山神社 ☎029-866-0502

2月上旬〜3月上旬

筑波山梅まつり

関東平野を一望する筑波山の標高約250mの山腹に、紅梅、白梅、緑がく梅など約1,000本が咲き乱れる。
［場所］筑波山梅林
㊂(一社)つくば観光コンベンション協会 ☎029-869-8333

4月上旬〜中旬

筑波山頂カタクリの花まつり

山頂付近に広がる約2ヘクタールのエリアに群生する、約2万株のカタクリの花が目を楽しませてくれる。
［場所］筑波山頂カタクリの里
㊂(一社)つくば観光コンベンション協会 ☎029-869-8333

夏 6月 5月 4月

4月下旬〜5月下旬

筑波山つつじまつり

ヤマツツジ、ドウダンツツジ、トウゴクミツバツツジなど約3,000株が、麓から山上まで順々に花開いていく。
［場所］ロープウェイつつじヶ丘駅、ケーブルカー沿線
㊂筑波観光鉄道 ☎029-866-0611

4月上旬

北条大池の桜

日本の道100選〝つくば道〟、その旧登山道の入口にある北条大池。周辺には約250本の桜が咲き競う。
［場所］大池公園、北条大池周辺
㊂(一社)つくば観光コンベンション協会 ☎029-869-8333

10月下旬～11月上旬

筑波山麓秋祭り

筑波山のふもとに広がる5地区でコンサートや史跡公開、農作物市などが目白押し。悠久の時を超えて復元された平沢官衙遺跡で、音楽を中心にしたイベントが毎年行われる。

［場所］平沢官衙遺跡歴史ひろば、ほか

㊐つくば総合インフォメーションセンター

☎029-879-5298

6～8月

筑波観光鉄道「夏休み企画」

ケーブルカーやロープウェイのキッズお仕事体験（キップ切りなど）や、親子で学べる自然観察会など体験教室を行っている。

［場所］

ケーブルカー宮脇駅、

ロープウェイつつじヶ丘駅ほか

㊐筑波観光鉄道 ☎029-866-0611

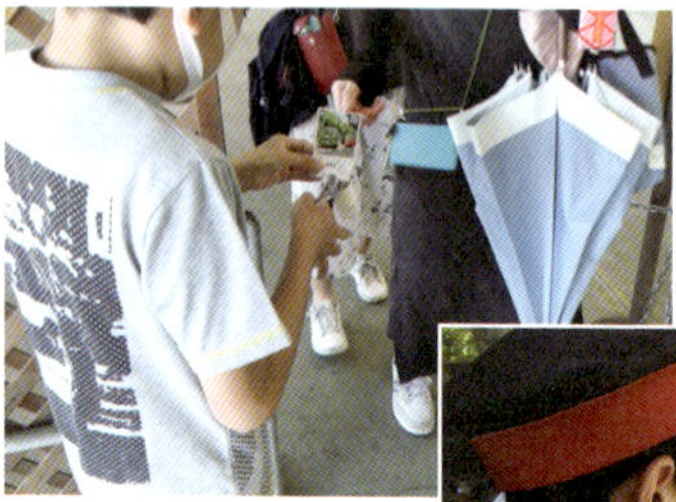

秋

9月　8月　7月

（3月・8月・9月）　※過去の開催月
開催月は年度によって変更

筑波山ガマまつり

カエルの扮装で筑波山の門前通り（約350m）をイッキに駆け上がる〝ガマレース〟や、お笑いライブなどお楽しみがいっぱい。

［場所］筑波山の門前通りほか

㊐（一社）つくば観光コンベンション協会

☎029-869-8333

7月中旬

筑波山頂七夕まつり

男体山頂に祀られるイザナギノミコトと、女体山頂のイザナミノミコトが愛を確かめ合ったといわれる御幸ヶ原。願いを込めた短冊を飾り、筑波山神社の神職の祈祷を受ける。

［場所］ケーブルカー筑波山頂駅前の御幸ヶ原

㊐筑波観光鉄道 ☎029-866-0611

11月

もみじライトアップ ケーブルカー夜間運行

ケーブルカー宮脇駅や周辺の100本のもみじ、沿線にある高さ30mの〝おおもみじ〟をライトアップ。幻想的な夜の紅葉に酔いしれる。土日祝日、および特定日（見頃時期は毎日）運行。
［場所］ケーブルカー沿線、宮脇駅周辺
㊢筑波観光鉄道 ☎029-866-0611

11月上旬〜下旬

筑波山もみじまつり

ケーブルカー宮脇駅の辺りに色づく約100本のもみじは見事。日によって筑波山ガマの油売り口上実演、乗車記念プレゼントなど盛りだくさん。
［場所］ケーブルカー各駅、ロープウェイ各駅、筑波山神社境内など
㊢(一社)つくば観光コンベンション協会
☎029-869-8333

冬 12月 11月 10月

11月1日

筑波山神社 秋季 御座替祭《おざがわりさい》

古代から信仰を集めてきた筑波山。筑波山神社の境内で、神社最大の祭は春と秋の年２回。秋には、小神輿が山頂に上がって神様をお迎えし、午後には神輿が渡御する神幸祭が繰り広げられる。
［場所］
筑波山神社山頂本殿、拝殿ほか
㊢筑波山神社 ☎029-866-0502

筑波山の四季のイベント

筑波山の主な植物・動物カレンダー

春はカタクリ、ニリンソウ、ツツジ、夏はオオルリやキビタキがさえずり、ヤマユリ、ニッコウキスゲ、秋はもみじの紅葉……。四季の変化に富んだ森に暮らす動物との出合いも筑波山の魅力だ。

アオイスミレ
3月中旬～4月中旬

カンスゲ
3月上旬～4月

カントウタンポポ
3月上旬～4月

ヤブツバキ
2月～4月

ウメ
2月下旬～4月上旬

春

3月　2月　1月

カシラダカ
11月～3月（冬鳥）

ツグミ
11月～4月（冬鳥）

ルリビタキ
11月～4月（冬鳥）

メジロ　通年（留鳥）

エナガ　通年（留鳥）

アオゲラ　通年（留鳥）

ヒバリ　通年（留鳥）

※主に筑波山で見られるものを掲載。P112～の「筑波山の自然図鑑」でも紹介。
※1年中を通して同じ地域で暮らす鳥を「留鳥」、南方から春に来て秋に戻る鳥を「夏鳥」、秋に北方から渡って春に帰る鳥を「冬鳥」と呼ぶ。

コブシ
3月上旬～4月

ヤマツツジ
4月上旬～5月下旬

エイザンスミレ
4月～5月下旬

ニッコウキスゲ
6月中旬～7月中旬

ヤマザクラ
4月

カタクリ
4月

ニリンソウ
4月

ヒイラギソウ
5月

夏 6月 5月 4月

クロアゲハ
4月上旬～10月

クロツグミ
4月～10月（夏鳥）

オオルリ 4月～8月（夏鳥）

キビタキ
4月～8月（夏鳥）

オナガアゲハ
4月中旬～9月中旬

サラサヤンマ
5月～6月

ナミアゲハ
4月～10月中旬

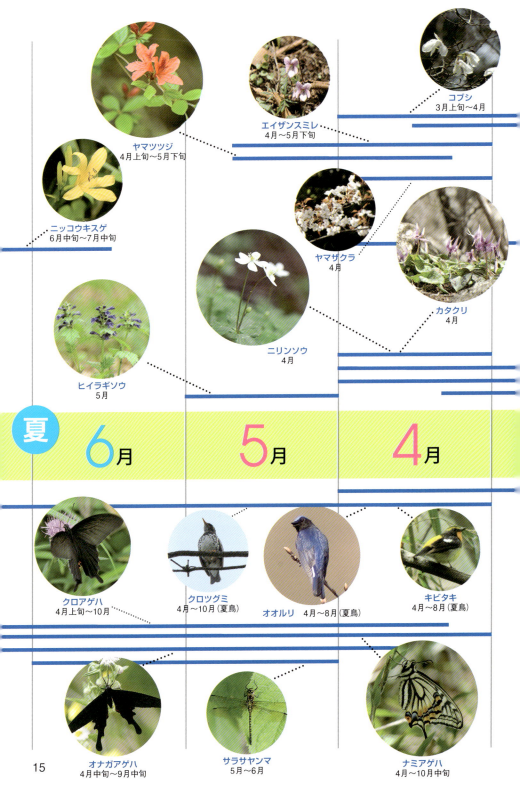

シロヨメナ
9月

ジャコウソウ
8月上旬～9月下旬

ノハナショウブ
7月

ヤマユリ
7月～8月下旬

ツルリンドウ　9月

センニンソウ
8月上旬～9月下旬

イワタバコ
7月上旬～8月下旬

ウチョウラン
6月中旬～7月中旬

9月　秋　8月　7月

ツマグロヒョウモン
6月～10月下旬

カラスアゲハ
4月中旬～9月

オオムラサキ
7月～8月

キセキレイ
通年（留鳥）

コゲラ
通年（留鳥）

シジュウカラ
通年（留鳥）

リンドウ
10月～11月中旬

センブリ
10月

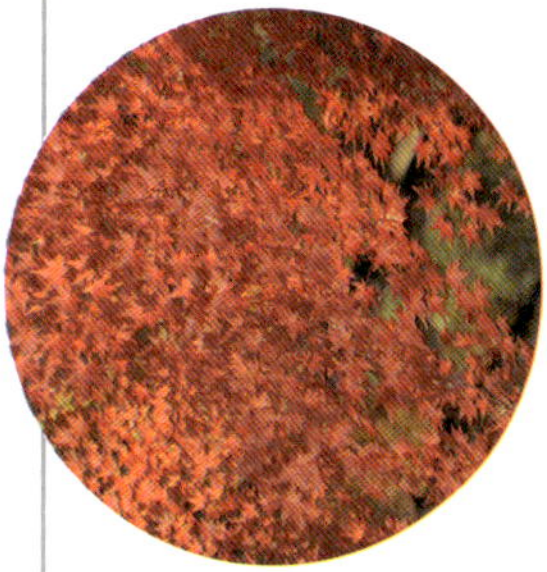
イロハモミジの紅葉
11月上旬～12月上旬

ツリフネソウ
9月～10月

ツクバトリカブト
9月上旬～10月

冬

12月　11月　10月

アトリ
11月～3月（冬鳥）

ウソ
11月～3月（冬鳥）

アオジ
11月～3月（冬鳥）

ミルンヤンマ
7月～10月

ムササビ
通年

ホンドリス
通年

ゴマダラチョウ
5月中旬～9月下旬

登山系YouTuber AYANEN（あやねん）とのコラボ企画

日本一低い百名山「筑波山」その魅力を徹底解剖してきた！

Profile

札幌出身。筑波山の登山をきっかけに2023年にYouTube「AYANEN BASE」をスタート。会社員の傍ら、動画配信のほか読者モデル・ライター等の活動も行う。

標高877mという低山ながら、日本百名山に選出されている筑波山。今回は、豪快な木々と奇岩・巨岩、数々のパワースポットが人気の白雲橋コースを登ってきました！

START

筑波山神社駐車場の下にある登山道看板からスタート！

筑波山神社

▲▶まずは筑波山神社でお参り。鈴にハートマークを発見！ ここは縁結びのご利益があることでも有名

▶白雲橋コースの入り口には鳥居が！いよいよ登山スタート。楽しみ！

▶早速、緑のトンネルに。木漏れ日が綺麗で心が安らぎます！

白蛇弁天

白蛇さん発見！ご利益ありますように…

▶金運・出世のパワースポット。白蛇を見ると財をなすといわれています。可愛い白蛇が並んでいました！

苔と葉っぱが一緒に
生きてる！ 可愛い…

▲大きな岩が苔で覆い尽くされていました。低山なのにこんな景色が見られるのは筑波山ならでは！

▲登山GPSアプリ「YAMAP」でこまめに地図をチェック！ ルートと時間配分を見ながら登っていくよ！

木々の音と鳥の声を聴きながら、
思いっきり深呼吸をするのって
気持ちがいいね！

▲直角に伸びた枝を発見！ どうしてこんな形に!? 自然の不思議です。ブランコかけたい

弁慶茶屋跡

BENKEI HUTという東家があって、休憩にはピッタリ

▲BENKEI HUTからロープウェイが見えたよ！ ここでひと休憩しよう。水分補給も！

▲女体山の山頂まであと1kmの看板。しっかり撮影も！ もうひと踏ん張りー！

巨岩パワースポット巡り

▲多くの神々が坐(おわ)す天上の世界、「高天原(たかまがはら)」

▲「陰陽石(いんようせき)」。相反する二つの巨岩がそびえ立ってます

▲「国割り石」。統治めるべき地方を割りふったといわれています

▲「出船入船」。石が船のように見えます。航路の安全を守る神

▲「裏面大黒」。大黒様が大きな袋を背負っているように見える!?

弁慶七戻り

いちばんのお気に入りはココ。迫力がすごい!

▶神々の世界と現世を分ける場所とされてきた石門。頭上の岩が今にも落ちそうで、恐れおののいた弁慶が「七戻り」したそうです

母の胎内くぐり

▶岩を抜けることで、罪穢れのない清い身体に立ち返ることができるというわれが。私も抜けられましたよ

ガマ石

▶カエルに似た岩の口に石を投げて、入るとご利益があります。なんと! 1回で入りました!

※「ガマ石」「せきれい石」「せきれい茶屋 錨」は、女体山と御幸ヶ原の間にあります

筑波山 女体山山頂

パワースポット巡りをしている間に登頂！ 標高877メートル。達成感いっぱい!!

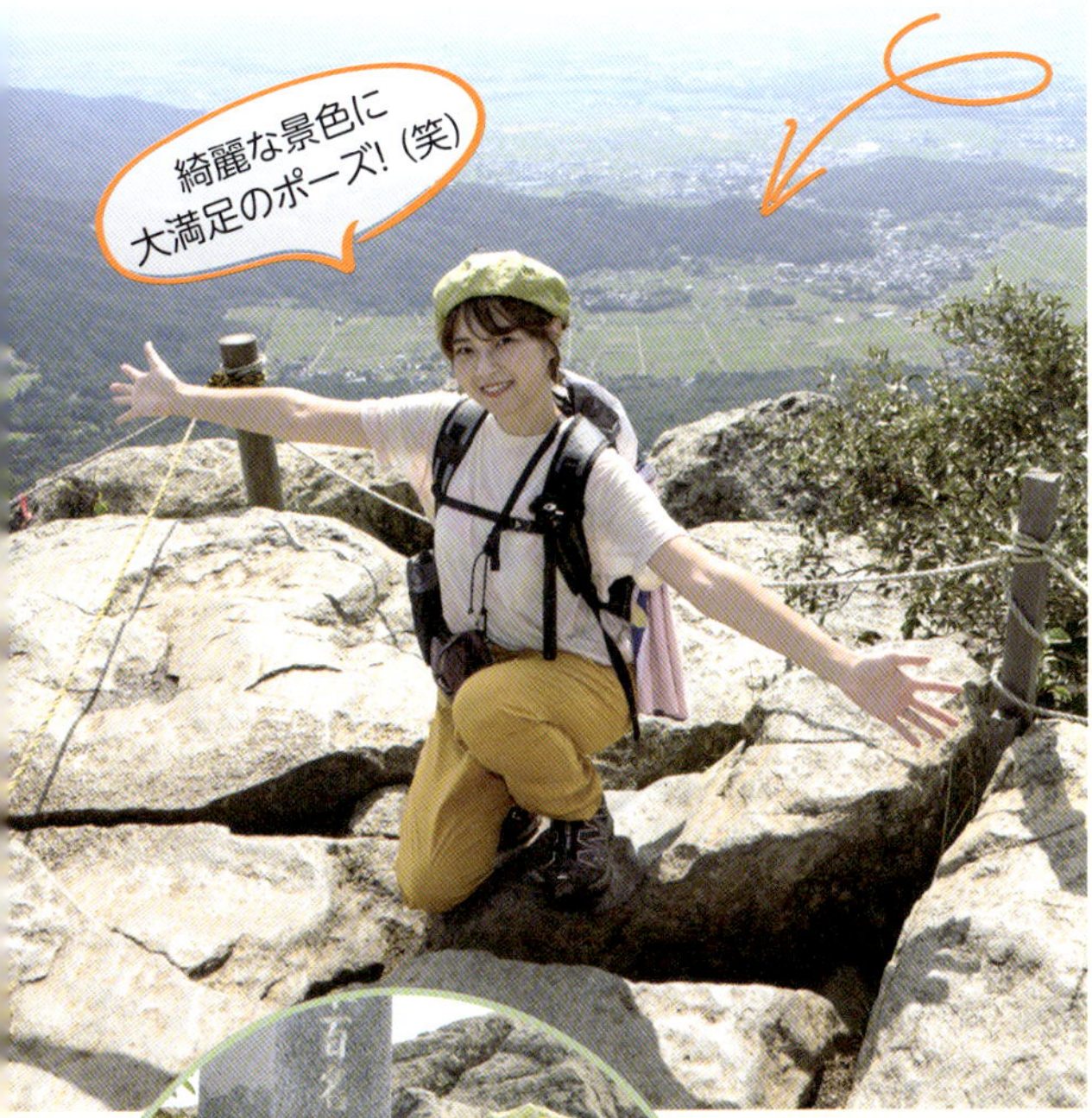

綺麗な景色に
大満足のポーズ！（笑）

▲見どころがたくさんで、さすが百名山。山頂からは関東平野を一望できます！

◀筑波山の最高地点。標識との記念写真もお忘れなく！（譲り合って撮ろう！）

富士山&スカイツリーも
見渡せる!?

◀天気がよければ、富士山やスカイツリーも見ることができます。この日は残念ながら、白い雲がかかっていました。次回に期待します！（写真は別の日のものです）

▲「北斗岩」。天にそびえ立つ岩で、北斗星のように決して動かない

▲「屏風岩」。奥に安座常（あざとこ）神社があります

▲「大仏石」。高さ15メートルもある。大仏の横顔に見えます

▲「せきれい石」。縁結びのパワースポット♥

▲「せきれい茶屋 錨」。ここまで持ってくるのは大変だったでしょう!?

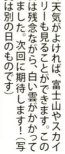

御幸ヶ原

▲筑波山の双耳峰が型取られたオブジェと
パシャリ。ここも見逃せない撮影スポット♡

御幸ヶ原には、食べ物屋さんやお土産店、コーヒーショップもあります

▲早くグルメを楽しみたいところですが、ここはグッと堪えて、まずは男体山に登頂してきます!

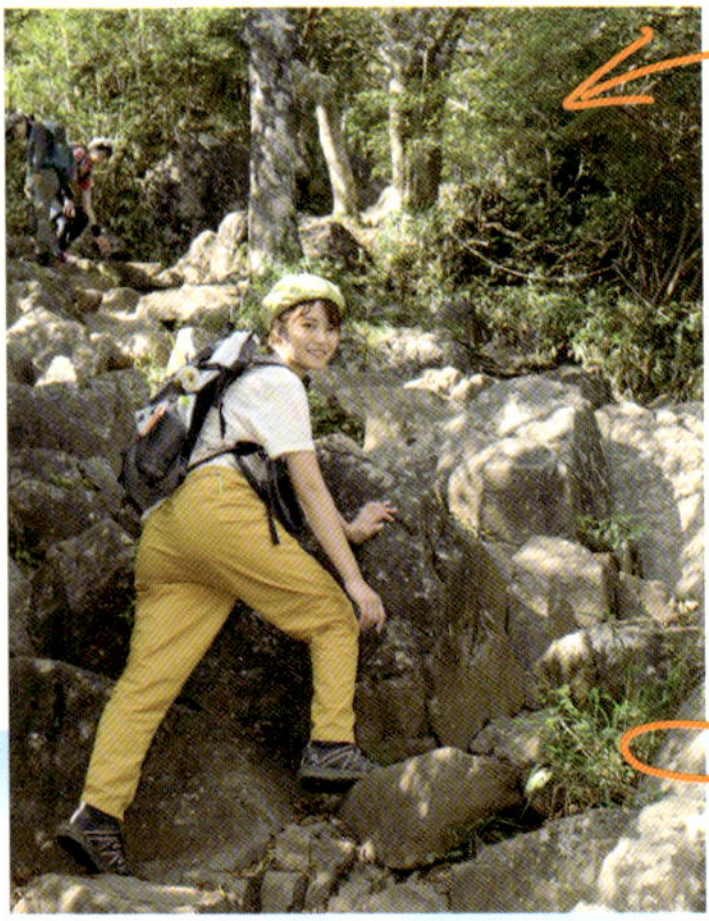

▲ラストはワイルドな岩場の急登。気を抜かずに慎重に登っていきます。あと少し!

筑波山 男体山山頂

山頂に到着!
関東平野の大パノラマ、空の広さに感動。
筑波山ってやっぱりすごい!

▲男体山は871m。せっかく来たからには、両方のピークをハントしたくなりますね

つくばうどんって
美味しいね!

▲ランチは名物つくばうどんに決まり。「つ」くば茜鶏の肉だんご、ごぼうなどの「く」ろ野菜、ローズポークの「ば」ら肉が入っています!

御幸ヶ原

▲お土産を選ぶのも楽しみのひとつ。筑波山名物「ガマの油」のほか、カエルグッズがたくさん。可愛い!

▲今回はケーブルカーで下山。乗車時間は約8分

ご褒美のソフト
クリームは最高♡

▲ケーブルカー宮脇駅の売店では、お団子や、季節限定フレーバーのアイスも楽しめます

GOAL

▲スタート地点の看板まで戻ってきました。パワースポットも景色もグルメも楽しめて、大満足の1日になりました!

日帰り入浴

筑波山には温泉があります。本誌106~108ページで紹介しているホテルでは、日帰り入浴が可能です。泉質は、アルカリ性単純温泉で肌がすべすべになることから「美肌の湯」ともいわれています。問い合わせの上、ご利用をお願いします。

▲「亀井ホテル 筑波山」の最上階にあるインフィニティ露天風呂(宿泊者様のみ利用可)。日帰り入浴は、1階と2階の大浴場露天風呂をご利用ください(土・日・祝日)

今回のコラボ企画は、You Tube「AYANEN BASE / あやねんべーす」で見ることができます。右のQRコードからアクセスしてください。

PART 1

筑波山登山コースガイド

筑波山と宝篋山《ほうきょうさん》の登山コースをすべて紹介しています。

筑波山は、初心者にもやさしい、おたつ石コース、ポピュラーな御幸ヶ原コース、変化に富んだ白雲橋コース、筑波山の北側からのコースも紹介。

また、初心者におすすめ、手軽な宝篋山も全ルート詳しく紹介。季節の花とも出合える登山を楽しもう！

▼御幸ヶ原から桜川市、栃木方面を望む

▲紅葉が美しい秋の登山道

〈筑波山エリア〉

御幸ヶ原コース	26
白雲橋コース	30
迎場コース	34
おたつ石コース～御幸ヶ原	36
自然研究路	40
薬王院コース～男体山	42
深峰歩道	46
キャンプ場コース	48
東筑波ハイキングコース	50

〈宝篋山エリア〉

常願寺コース	53
極楽寺コース	56
小田城コース	60
山口コース(1)	64
新寺コース	66

▼菜の花をバックに新春の筑波山

▲巨岩・奇岩のひとつ「弁慶の七戻り」

御幸ケ原コース

●みゆきがはらこーす

筑波山神社の拝殿と男体山山頂を結ぶ表参道

▲山頂の男女神をここで拝する、筑波山神社の拝殿

歩行時間	1時間50分
歩行距離	2.5km
標高差	651m
体力度	★★★

ケーブルカー宮脇駅の脇の鳥居からスタート

筑波山で最も代表的なこのコース。古くから「表参道」と呼ばれ、中腹にある筑波山神社拝殿と男体山山頂の本殿を結ぶ。直登するケーブルカーの軌道と並行して登るので急坂が多い。軽装の観光客も見かけるが、しっかり山支度をして登りたい。

❶**筑波山神社入口バス停**から車道を歩き境内へ入る。鳥居と神橋《しんきょう》の横を抜け、参道を行くと❷**筑波山神社**。参拝していこう。

拝殿に向かって左の階段の脇にトイレがあるので準備を整え、

Access

電車・バス

●つくばエクスプレス「つくば駅」前の「つくばセンター」1番のりばから、関鉄バス**直行筑波山シャトルバス**（約40分）で**「筑波山神社入口」バス停**で下車。

●JR常磐線「土浦駅」前の5番のりばから、路線バス**筑波山口行き**（約50分）で**「筑波山口」バス停**で下車。徒歩約3分の関鉄バス**「沼田」バス停**で直行筑波山シャトルバスに乗り換え、**「筑波山神社入口」バス停**で下車（約7分）。

クルマ

●**常磐自動車道・土浦北IC**～国道125号～県道14号～県道42号（約40分）で筑波山神社入口へ。

●**北関東自動車道・桜川筑西IC**～国道50号～県道41号～筑波山方面（約40分）で筑波山神社入口へ。

駐車場

筑波山神社駐車場、第1～4市営駐車場（約450台、1日500円）を利用。

問い合わせ

筑波山観光案内所 ☎029-866-1616

▲石がゴツゴツした急坂を行く

▲コースに点在する説明板

▲鳥居から登山道がスタート

▲中ノ茶屋跡にあるMINANO HUT（東家）で休憩しよう

▲登りはじめは根がはう山道を進む。滑りやすいので注意だ

階段を上る。ケーブルカーの宮脇の手前に、「是より男體山《なんたいさん》」とある道標石と鳥居が現れ、そこから山歩きがスタート。

最初はスギ木立の中をゆるやかに登る。桜塚という石塔のあたりから傾斜がきつくなり、木の階段やゴツゴツした石の道になるにつれ、息が上がっていく。

途中、筑波山の自然などについての説明板があるので、息を整えるのに丁度いい。スギやモミなどの根に半寄生するツクバネや、県内でも自生地が数少ないカゴノキなど、貴重な樹木を探しながら登るのもいい。

やがて、❸**中ノ茶屋跡**に着く。MINANO HUTという東家があり休憩できる。ここは表参道のほぼ中間点で、ケーブルカーがすれ違う場面に遭遇できる。

ケーブルカーのすれ違いをウォッチング

▶中ノ茶屋跡の広場でケーブルカーのすれ違いを見ることができる

旬の花

筑波山で発見されたツクバトリカブト

羽つきの羽の形に似たツクバネを探して歩こう。御幸ヶ原に到着する直前では、この山で発見されたツクバトリカブトに出合えるかもしれない。

▲独特の形のツクバネ（上）と、毒性のあるツクバトリカブト

▲涼しげな男女川の水源（飲用は不可）

男女川《みなのがわ》の水源を通過し御幸ヶ原を目指す

❸中ノ茶屋跡を出発し、ケーブルカーのトンネルの上を横断する。まもなく、見上げてしまうほどのスギの巨木に出合う。

そのあたりから、樹齢数百年とみられる直径1mを超えるスギの巨木群が続く。運がよければ、ムササビが飛ぶ姿が見られることもある。

まもなく男女川の水源に着く。小倉百人一首で陽成院《ようぜいいん》によって、「筑波嶺の　峰より落つる　男女川　恋ぞつもりて　淵となりぬる」と詠まれた歌ゆかりの場所だ。

▲御幸ヶ原から見る雲海。その下には関東平野が大きく広がっている

▶コースの最難関ともいえる、御幸ヶ原へ続く丸太階段

そこから先は、丸太の階段が延々と続く。時期が絞られるが、春にはニリンソウやエイザンスミレ、秋にはツクバトリカブトなどが目を楽しませてくれる。

やがて、観光客や登山客でにぎわう❹御幸ヶ原に到着する。

▲御幸ヶ原にある「Mt.Tsukuba」の標識。記念写真にぴったり

岩の道や石段を登れば男体山の頂上はすぐ

御幸ヶ原から男体山までは約15分。茶屋の脇の階段を上り、急傾斜の岩場を登っていく。最後に、手すりのついた石段を上がると❺男体山山頂だ。

狭いピークに男体山本殿とお守りが買える社務所が建ち、観光客も混ざり混雑している。

眼下には関東平野が広がり、視界のいい日は東京スカイツリーや富士山も眺められる。

▲男体山頂へは茶屋の横の階段から

▲筑波男ノ神（いざなぎのみこと）を祀る男体山山頂の本殿

▲岩場をよじ登りもうひと踏ん張り

筑波山
TSUKUBASAN

白雲橋コース《しらくもばしこーす》

いにしえの時を刻む巨岩群を巡り、女体山を目指す

歩行時間
2時間5分
歩行距離
3.2km
標高差
657m
体力度
★★★

神社脇の白雲橋を渡り木漏れ日の森を行く

筑波山の登山道の中でも、特に変化に富んだこのコース。前半はヒノキやモミの木立の中の登山道を進み、おたつ石コースと合流。後半は筑波山の信仰に触れることができる巨岩を巡り、女体山を目指す。

スタートは❶筑波山神社入口バス停から。食堂や土産物屋が並ぶ車道から参道に入り、❷筑波山神社で参拝しよう。

▲筑波山神社で登頂を祈願

▲住宅街の外れにある鳥居からスタート

拝殿に向かって左手の階段脇にトイレがあるので、準備を整えて出発。

コースは、拝殿から右へ進む。境内右奥の階段を下り、小さな白雲橋を渡ったところに「是より女體山《にょたいさん》」の道標石がある。

そこから「女体山頂・つつじヶ丘」という標識にそって住宅街の細い車道を行き、石の鳥居が現れると山歩きがスタート。

ゆるやかに石の階段を上っていき、スジダイやヒノキ、モミ、アカガシなどの巨木の中を進む。人気コースなので登山客が多いが、野鳥の声が聴こえ、山深い空気に包まれる。

Access

電車・バス

●つくばエクスプレス「つくば駅」前の「つくばセンター」1番のりばから、関鉄バス直行筑波山シャトルバス（約40分）で「筑波山神社入口」バス停で下車。

●JR常磐線「土浦駅」前の5番のりばから、路線バス筑波山口行き（約50分）で「筑波山口」バス停で下車。徒歩約3分の関鉄バス「沼田」バス停で直行筑波山シャトルバスに乗り換え、「筑波山神社入口」バス停で下車（約7分）。

クルマ

●常磐自動車道・土浦北IC～国道125号～県道14号～県道42号（約40分）で筑波山神社入口へ。

●北関東自動車道・桜川筑西IC～国道50号～県道41号～筑波山方面（約40分）で筑波山神社入口へ。

駐車場

筑波山神社駐車場、第1～4市営駐車場（約450台、1日500円）を利用。

問い合わせ

筑波山観光案内所 ☎029-866-1616

▲モミの大木が残るヒノキ林を登っていく

しばらく進むとコースが二股に分かれた❸酒迎場分岐《さかむかえばぶんき》に着く。右はつつじヶ丘へ向かう迎場コースで、ここは左へ進む。ヒノキ林を登っていくと、すぐに白蛇弁天《はくじゃべんてん》を通過する。「白い蛇が住み、見た者は財をなす」といわれる小さな祠だ。

このあたりからきつい登りになるが、野鳥の声が癒してくれる。標高が上がるにつれ花も増え、春にはニリンソウやハルトラノオ、カタクリもちらほら。

長く続く石段を上っていくと、低木が多くなり空が見えてくる。ロープウェイをくぐって進むと、やがて❹弁慶茶屋跡に着く。

ここは、つつじヶ丘から登るおたつ石コースとの合流点。BENKEI HUT（東家）があるので、これから登る女体山を望みつつ、ひと息入れよう。

旬の花

〝大〟の字に似ているダイモンジソウ

秋の稜線で、5枚の花びらが〝大〟の字に見えるダイモンジソウを見つけよう。〝春虎の尾〟とも書くハルトラノオは、弁慶茶屋跡の手前に多い。

▲秋に咲くダイモンジソウ（上）と、春のハルトラノオ

▲木の合間から眺望も楽しめるBENKEI HUT（弁慶茶屋跡）

▲木漏れ日の酒迎場分岐を左へ。右はつつじヶ丘へ向かう迎場コース

▼ご利益がありそうな白蛇弁天

パワースポットで運気アップ!

▲船二艘に見える「出船入船」

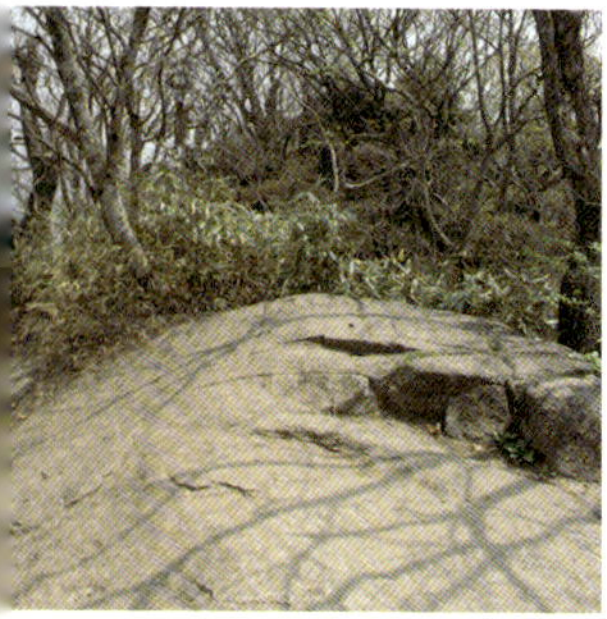

▲神々が向かう地方を割りふる線が刻まれたという「国割り石」

▲古事記の神話に登場する岩「高天原」。階段上に稲村神社の社殿がある

▲思わずひるむ「弁慶七戻り」

▲人ひとりがやっと通り抜けられる「母の胎内くぐり」

奇岩・怪石の物語に思いを馳せながら登る

❹**弁慶茶屋跡**を出発すると、ここから巨岩巡りがスタート。すぐ先で、「弁慶七戻《べんけいななもど》り」の今にも落ちてきそうな大岩の下をくぐる。そこからは奇岩・怪石が連続して目の前に現れる。「高天原《たかまがはら》」「母《はは》の胎内《たいない》くぐり」の先から稜線に出て、「陰陽石《いんようせき》」「国《くに》割《わ》り石《いし》」「出船入船《でふねいりふね》」「裏面《りめん》大黒《だいこく》」「北斗岩《ほくといわ》」と、じっくり眺められる楽しい道が続く。

稜線上には、春ならカタクリやエイザンスミレが目につく。秋にはダイモンジソウや、フクオウソウも見られる。ただし、急傾斜や岩場があるので、足もとに注意して進もう。

ロープウェイの下にある「屏《びょう》風《ぶ》岩《いわ》」を過ぎ、「大仏岩《だいぶついわ》」が見えると、そこは女体山のすぐ下。

頂上手前の岩場はぬれていると滑りやすいが、鎖が設置されているので難なく登れる。

女体山本殿の脇を登れば、❺**女体山山頂**に到着。大きな岩が重なった頂上は３６０度の大展望。東に見える男体山より６ｍほど標高が高い。

山頂からロープウェイの女体山駅へも約５分で行ける。御幸ヶ原へ向かうなら、おたつ石コースを参照しよう。

▲筑波女ノ神（いざなみのみこと）を祀る山頂本殿

▲鎖を伝って最後の登り

▲女体山山頂からは南に関東平野、東に霞ヶ浦、北に加波山など筑波連山が一望できる

筑波山
TSUKUBASAN

迎場《むかえば》コース《こーす》

句碑をたどりながら登る、静寂の筑波山万葉古路

▲整備された石段の登山道を行く。木漏れ日が心地いい

▲酒迎場分岐に立つマップ。迎場コースは右の階段を行く

つつじヶ丘までのゆるやかな森林浴コース

白雲橋コースから分かれ、つつじヶ丘へ向かうこのコースは、「筑波山万葉古路」と名づけられ句碑をたどりながら登れるように整備されている。

頂上へは回り道になるが、眺望抜群のおたつ石コースと組み合わせると、筑波山を楽しみ尽くすことができる。

筑波山神社から白雲橋コースを20分ほど登り、❶**酒《さか》迎《むかえ》場《ば》分《ぶん》岐《き》**からスタート。右へ進み、モミやヒノキ、アカマツなど針葉樹林の中の整備された石段をゆるやかに登っていく。

15分ほど行くと東屋がある。その傍らに立つ句碑には、万葉集で詠まれた筑波山を主題にした句が刻まれている。

ひと休みして出発すると、まもなく❷**大洗神社**の小さな社と

▲道端にひっそり佇む大洗神社。ここが中間点になる

歩行時間	歩行距離	標高差	体力度
40分	1.6km	190m	★★★

Access

電車・バス

●つくばエクスプレス「つくば駅」前の「つくばセンター」1番のりばから、関鉄バス**直行筑波山シャトルバス**（約40分）で**「筑波山神社入口」バス停**で下車。

●JR常磐線「土浦駅」前の5番のりばから、路線バス**筑波山口行き**（約50分）で**「筑波山口」バス停**で下車。徒歩約3分の関鉄バス**「沼田」バス停**で直行筑波山シャトルバスに乗り換え、**「筑波山神社入口」バス停**で下車（約7分）。

クルマ

●**常磐自動車道・土浦北IC**～国道125号～県道14号～県道42号（約40分）で筑波山神社入口へ。

●**北関東自動車道・桜川筑西IC**～国道50号～県道41号～筑波山方面（約40分）で筑波山神社入口へ。

駐車場

筑波山神社駐車場、第1～4市営駐車場（約450台、1日500円）を利用。

問い合わせ

筑波山観光案内所 ☎029-866-1616

出合う。ここがほぼ中間点。すぐに小さな沢を渡り、再び階段状の道を登っていく。

2つ目の東屋までくると、針葉樹に広葉樹が混じり、木漏れ日がたくさん降り注ぐ。ミヤマシキミやタマアジサイなど低木に咲く花が見られ、林床にはオオバノトンボソウ、ギョリンソウなどの花も咲く。

その先は句碑や木のベンチが点在する気持ちのいいヒノキ林の中を登る。ロープウェイの下を通過し、❸**つつじヶ丘**に到着。

▲筑波山神社宮司の筆が刻まれた句碑

▶冷たい清水が流れている

旬の花

独特の形の花を見つけながら歩こう

林床を注意しながら歩くと、〝耳型天南星〟とも書くミミガタテンナンショウや、トンボがとまっているように見えるオオバノトンボソウなど、おもしろい形の花と出合える。

▲ミミガタテンナンショウ（右）と、オオバノトンボソウ

▲静かな東屋でひと休み

▲筑波山ロープウェイの真下を通過する

筑波山
TSUKUBASAN

おたつ石コース～御幸ヶ原《おたついしこーす～みゆきがはら》

標高550mからスタートする眺望抜群のコース

歩行時間
1時間35分
歩行距離
2.6km
標高差
327m
体力度
★★★

※おたつ石コース＋御幸ヶ原までのデータ

▲最初の階段の登りが一番きつい

▲つつじヶ丘の登山道入口

つつじヶ丘高原を抜け白雲橋コースと合流

筑波山の中で最も眺望が楽しめるのが、おたつ石コースだ。

つつじヶ丘～弁慶茶屋跡まで登る約1㎞の行程だが、白雲橋コースと合流し、巨岩巡りをしながら女体山に登頂できる。

さらに、カタクリの里に足をのばし、茶店や展望台、ケーブルカー駅のある御幸ヶ原まで至るルートを紹介しよう。

観光客でにぎわう❶**つつじヶ丘登山口**が出発点。レストハウスやロープウェイ駅、駐車場にトイレがあるので準備を整え、駐車場奥の階段からスタート。

階段状の道を登っていくが、このコースは登りはじめが一番きつい。それでもしばらく登っていくと東屋が現われ、なだらかになるのでホッとする。

この一帯は「つつじヶ丘高原」

▲鮮やかに染まるつつじヶ丘高原

Access

電車・バス

●つくばエクスプレス「つくば駅」前の「つくばセンター」1番のりばから、関鉄バス**直行筑波山シャトルバス**（約50分）で終点**「つつじヶ丘」バス停**で下車。

●JR常磐線「土浦駅」前の5番のりばから、路線バス**筑波山口行き**（約50分）で終点**「筑波山口」バス停**で下車。徒歩約3分の関鉄バス**「沼田」バス停**で直行筑波山シャトルバスに乗り換え、終点**「つつじヶ丘」バス停**で下車（約25分）。

クルマ

●**常磐自動車道・土浦北IC**～表筑波スカイライン経由（約30分）でつつじヶ丘へ。

●**北関東自動車道・桜川筑西IC**～筑波スカイライン経由（約50分）でつつじヶ丘へ。

駐車場

筑波山つつじヶ丘**駐車場**（約400台、1回500円）を利用。

問い合わせ

茨城県道路公社 ☎029-301-1131

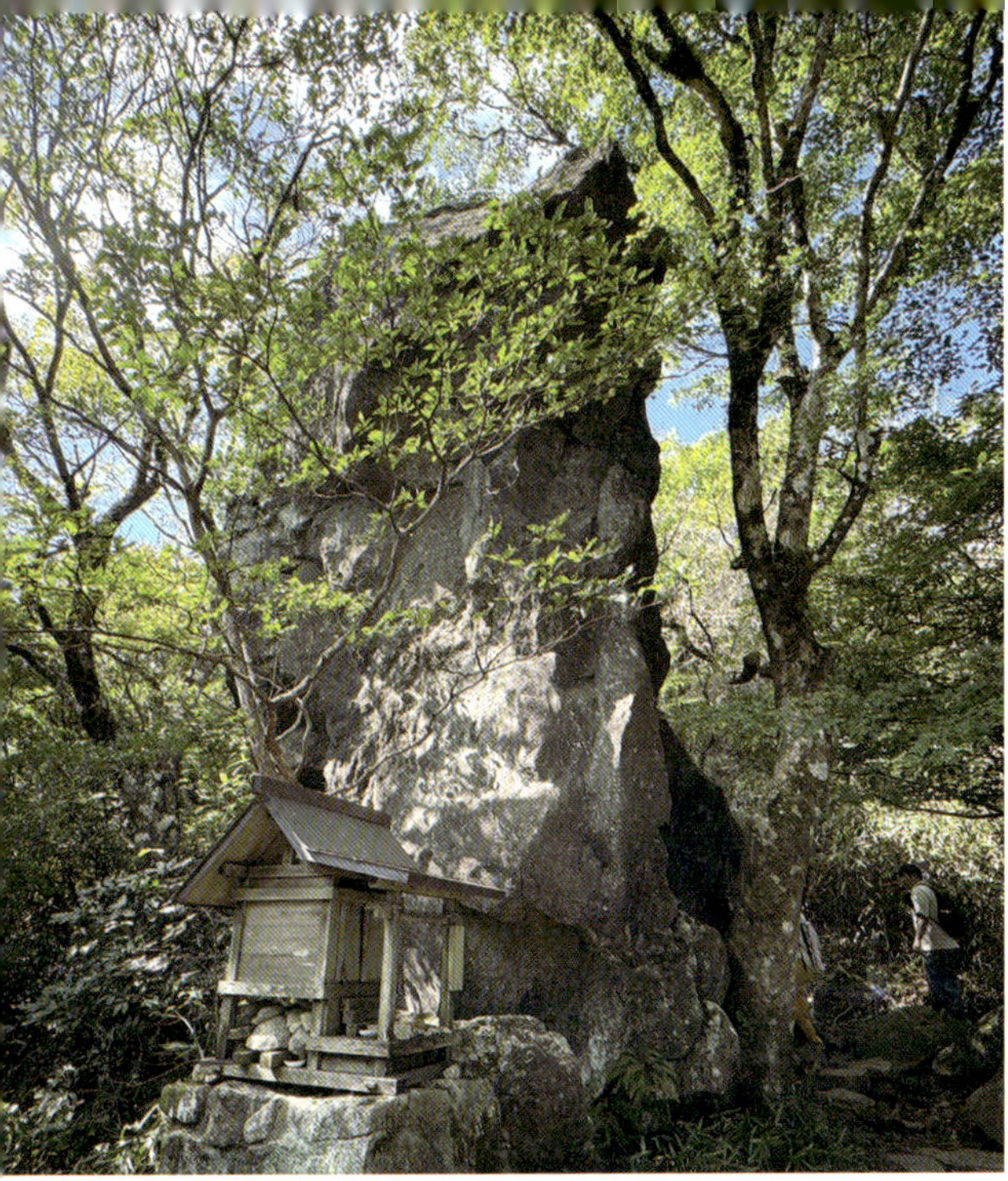

▲天にそびえ立つような「北斗岩」

▲BENKEI HUT（弁慶茶屋跡）ので休憩

と呼ばれ、春には赤やピンクのツツジの花が鮮やかに咲き誇る。振り返るとロープウェイ駅舎や、広がる山並みを一望できる。

背の高いアズマネザサが茂る場所を過ぎると、道はやがて樹林帯に入っていく。ブナやミズナラの大木が立ち並ぶ森の道をゆるやかに登る。春にはニリンソウの小群落や、秋にはツリフネソウなどが見られる。

少し急坂を上がると、❷**弁慶茶屋跡**に着く。BENKEI HUTがあり休憩にはもってこい。ここで白雲橋コースと合流し、巨岩巡りがスタートする。「弁慶七戻《べんけいななもど》り」「母《はは》の胎内《たいない》くぐり」など次々と10もの奇岩・怪石が出現し、登山者を飽きさせない。

そびえ立つ「北斗岩《ほくといわ》」、ロープウェイの下にある「屏風岩《びょうぶいわ》」を過ぎ、「大仏岩《だいぶついわ》」が見えると❸**女体山山頂**はもうすぐ。

頂上手前の急勾配の岩場をがんばって登っていこう。

▲素戔嗚尊（すさのおのみこと）を祀る「屏風岩」

▼女体山山頂近くに鎮座している高さ約15mの「大仏岩」

旬の花

日当たりのよい尾根を春〜秋まで花が彩る

南東にのびる尾根の日の当たる草地では、春〜初夏にかけてコケリンドウが花開く。晩夏〜秋は木漏れ日の樹林帯で、ツリフネソウがひっそりと。

▲淡い青色のコケリンドウ（上）と、紅紫のツリフネソウ

女体山の天浮橋《あめのうきはし》を渡り 山頂連絡路を進む

急勾配の岩場を登り、参拝順路に従って右へ回り込むように進めば、❸**女体山山頂**に到着。〝日本百名山一の低山〟の最高峰から眺める大パノラマを楽しみ、女体山本殿に参拝。本殿裏の天浮橋も渡ってみよう。

▲イザナギとイザナミの神話由来の天浮橋

▲女体山頂近くの最後の急勾配

▲女体山山頂から望む男体山。頂上下にこれから向かう御幸ヶ原が見える

ここからは「女体山〜男体山」を結ぶ山頂連絡路を行き、御幸ヶ原を目指す。岩がゴロゴロした道を下ると、すぐにロープウェイ女体山駅や、筑波高原キャンプ場へ下る分岐があるが、標識どおりにまっすぐに進む。

途中、ユニークな形をした「ガマ石」や、せきれい茶屋の脇にある「セキレイ石」を眺めながら、ゆるやかに下っていこう。

▼男女の道を説く鳥にちなんだセキレイ石

▲ガマの油売り口上のヒントとなったといわれる「ガマ石」

▲男体山に向かって下っていく

筑波山といえばやっぱりカタクリ!!

▲4月前半に訪れたいカタクリの里

カタクリの里を散策し御幸ヶ原でランチを

筑波山の山頂付近には、カタクリの花がおよそ3万株自生している。特に約2ヘクタールのカタクリの里に群生し、毎年4月初旬～中旬に「筑波山頂カタクリの花まつり」がにぎやかに開かれる。

近くには木のテーブルとベンチがあるので、お弁当を食べるならここがいい。

御幸ヶ原の茶店でランチやおやつを食べるなら、❹**御幸ヶ原**はすぐそこ。男体山に登頂するなら、そこから約15分。自然研究路を散策するのもいい。

御幸ヶ原が近くなると、左手にカタクリの里が見えてくる。

▲御幸ヶ原をゆっくり楽しみ、ケーブルカーで下ってもいい

おたつ石コース～御幸ヶ原

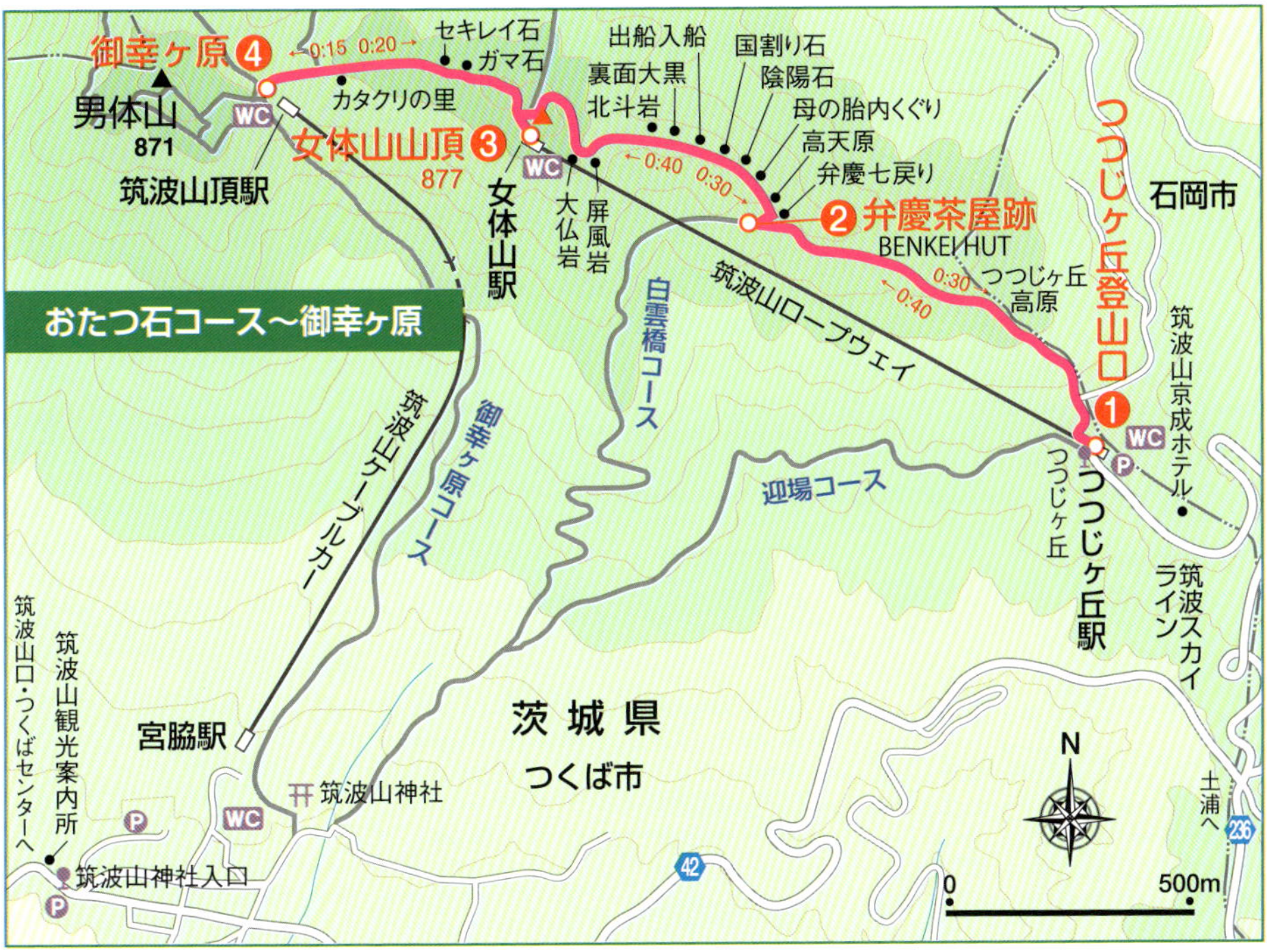

筑波山
TSUKUBASAN

自然研究路《しぜんけんきゅうろ》

男体山の山頂直下をぐるり周遊し、花や自然を探索

▲第1展望台からの眺め

▲説明板を見ながら遊歩道を進む

説明板をたどりながら一周約60分の散策

男体山の山頂下の標高750～800mを周回する自然研究路は、❶**御幸ヶ原**からスタート。動植物などに関する説明板を番号順にたどれるよう、ここでは時計回りに進んでいこう。

山頂への登山道を右に分け、整備された道を行くと、霊水が岩から滴るという「御海《みうみ》」へ下る小道がある。往復20分ほどで戻ってこられるが、綱を伝って下りる箇所もあり注意だ。

自然研究路を進むとパワースポット❷**立身石**《りっしんせき》に着く。岩の上の第1展望台に登ると眺望がすばらしく、下に回るとその大きさに圧倒される。

立身石から進むと東屋があり、その先に❸**第2展望台**がある。日当たりのよい南斜面では常緑樹が混じり、北側との違いを見ることができる。

その先には急な階段が現れる

◀スケールの大きい立身石

歩行時間 1時間

歩行距離 1.4km

標高差 70m

体力度 ★★★

Access

電車・バス

●つくばエクスプレス「つくば駅」前の「つくばセンター」1番のりばから、関鉄バス**直行筑波山シャトルバス**(約40分)で**「筑波山神社入口」バス停**で下車。

●JR常磐線「土浦駅」前の5番のりばから、路線バス**筑波山口行き**(約50分)で**「筑波山口」バス停**で下車。徒歩約3分の関鉄バス**「沼田」バス停**で直行筑波山シャトルバスに乗り換え、**「筑波山神社入口」バス停**で下車(約7分)。

クルマ

●**常磐自動車道・土浦北IC**～国道125号～県道14号～県道42号(約40分)で筑波山神社入口へ。

●**北関東自動車道・桜川筑西IC**～国道50号～県道41号～筑波山方面(約40分)で筑波山神社入口へ。

駐車場

筑波山神社駐車場、第1～4市営駐車場(約450台、1日500円)を利用。

問い合わせ

筑波山観光案内所 ☎029-866-1616

旬の花

たくさんの種類の動植物と出合える

春はもちろん夏はイワタバコ、秋は筑波の名を冠したツクバヒゴタイなど多くの花が咲く。〝四六のガマ〟ことアズマヒキガエルにも出合えるかも。

▲岩場に咲くイワタバコ（上）と、ツクバヒゴタイ

▲第2展望台近くの東屋で休憩を

▲北斜面を登っていく

が慎重に下り、しばらく進むと第3展望台に着く。

さらに伝説と迷信が残る「大石重ね」を通過すると、❹**薬王院コース分岐**に着く。

そこで道はUターンするように曲がり、今度は北斜面をゆるやかに登っていく。春先にはニリンソウの群落が見られ、カタクリやキクザキイチゲも咲く。

ゴールは、スタートした❶**御幸ヶ原**。

▲願い事を書いた石を積む「大石重ね」

▲薬王院コース分岐。筑波山の西麓に建つ薬王院へはこの分岐から下る

筑波山
TSUKUBASAN

薬王院コース〜男体山

●やくおういんこーす〜なんたいさん

西麓の古刹から登る、筑波山一のロングコース

歩行時間
1時間55分

歩行距離
3.6km

標高差
671m

体力度
★★★

薬王院からスタートし林道鬼ケ作線と出合う

筑波山の西、椎尾山《しいおさん》中の標高約２００ｍに建つ薬王院を出発し、男体山山頂下を一周する自然研究路に達するこのコース。

筑波山の正式な登山道では一番長い。しかし、後半のつづら折りの階段のほかは難所もなく、全体的にゆるやかに登っていける森林浴コースだ。

スタート地点の薬王院や近くの車道脇に駐車場があり、タクシーでも薬王院まで直接行ける。しかし、混んでいる季節は、つくしこ調整池の休憩所の駐車場

▲つくしこ調整池に映る〝逆さ筑波〟

Access

電車・バス

●つくばエクスプレス「つくば駅」前の「つくばセンター」3番のりばから、つくバス**北部シャトル**（約45分）で終点**「筑波山口」バス停**で下車。近くのタクシー営業所より（約10分）薬王院へ。

●JR常磐線「土浦駅」前の5番のりばから、路線バス**筑波山口行き**（約50分）で**「筑波山口」バス停**で下車。上記と同様にタクシーで薬王院へ。

クルマ

●**常磐自動車道・土浦北IC**〜国道125号〜県道14号〜県道41号経由（約50分）で、つくしこ東側の参道入口から薬王院へ。

●**北関東自動車道・桜川筑西IC**〜国道50号〜県道41号経由（約30分）で、つくしこ東側の参道入口から薬王院へ。

駐車場

薬王院の手前の**車道脇に駐車スペース**（約20台、無料）がある。**つくしこ市営駐車場**（約44台、無料）も利用可。

問い合わせ

植松タクシー ☎0120-66-0731

◀薬王院の仁王門。薬師堂、三重塔とともに江戸時代中期の建物だ

を利用するといい。

水面に〝逆さ筑波〟を映すつくしこ調整池。その駐車場にマイカーを止め、薬王院まで15分ほど車道を登って行こう。

延暦元（782）年、最仙上人によって開山したといわれる**❶薬王院**。トイレをすませて出発すると、境内には、セッコクをはじめ四季折々の草花が植えられ目を楽しませてくれる。茨城県指定文化財の三重塔もあり、時間があればぜひ寄ってみたい。

門前の車道を進んだ左手に、コース入口の階段がある。登ってすぐのT字路を左へ進むと、まもなく山道に入る。

▶案内板で地図を確認し、コース入口の階段を上っていこう

高い木が生い茂る中、初夏には低木のスイカズラやイボタノキが花をつけ、モミジイチゴが紅い果実をつける。

登山道はゆるやかで歩きやすいが、途中、斜面の上のほうから転げ落ちてきたような岩が道を塞いでいる所もある。

登りはじめて約30分、丸太の階段を上りつめると、**❷林道鬼ヶ作線出合**に着く。

舗装されたこの林道は、右へ行くと「みかん園」を経て「筑波山梅林」へ至る林道沼田新田酒寄線へつながる。左へ行くと深峰歩道や、筑波高原キャンプ場コースの登山口へと続く。

目指す自然研究路へは、この舗装道を渡りまっすぐ進んでいこう。

旬の花

薬王院に咲くセッコクの花

セッコクは岩や樹木に根を張りつかせる着生ラン。春に薬王院境内で可憐な花を咲かせる。〝延齢草〟とも書くエンレイソウは山道沿いに探そう。

▲セッコク（上）と、小さな花をつけるにエンレイソウ

▲山道から林道鬼ヶ作線に出る

▲コース序盤はゆるやかに登っていく

つづら折りの階段を一歩一歩ゆっくり上る

❷**林道鬼ヶ作線出合**で舗装道路を横断すると、登山道が続く。このあたりは野鳥も多く、キビタキやカケスなどが鳴いている。

山道を進むと次第に丸太の階段が増えてくる。まもなく階段ばかりとなり、薬王院コース名物の〝丸太階段〟のはじまりだ。

次第に階段の勾配がきつくなり、段差も大きくなって足腰にこたえる。

延々と続くように思われるが、途中に標高と山頂までの距離表示があるので、着実に高度を上げていることがわかる。

さらに、足もとのニリンソウ、エンレイソウなど花々がつらさを和らげてくれる。

階段がジグザグの折り返しになったら、もうひとふんばり。登り切るとゆるやかな道となり、正面に男体山が見えてくる。

正式コースではないが男ノ川からくる道と合流すると、まもなく❸**自然研究路分岐**に着く。

▲林道鬼ヶ作線から再び山道へ

▲薬王院コースの最大の難所〝丸太階段〟。一歩一歩上っていこう

▲丸太階段を上り切って、ゆるやかな道をゆく

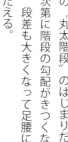

自然研究路を通って男体山に登頂

自然研究路からは、右ルート、左ルートのどちらに進んでも、最終的には御幸ヶ原へ向かうことになる。

早く着きたい時は左へ進むといい。しかし、右へ進むと眺めのいい展望台や立身石の巨岩、御海《みうみ》などもある。

ここは山頂まで早く着く左ルートを行く。約20分ほどで御幸ヶ原に到着。

▲正面に男体山が見えてくる

◀自然研究路分岐。早く男体山に登頂するなら左ルートへ

御幸ヶ原から、茶屋の脇の階段を上り、最後に急傾斜の岩場を登り、石段を上がると❹**男体山山頂**に到着する。

▶男体山山頂の標識は展望台の裏側にある

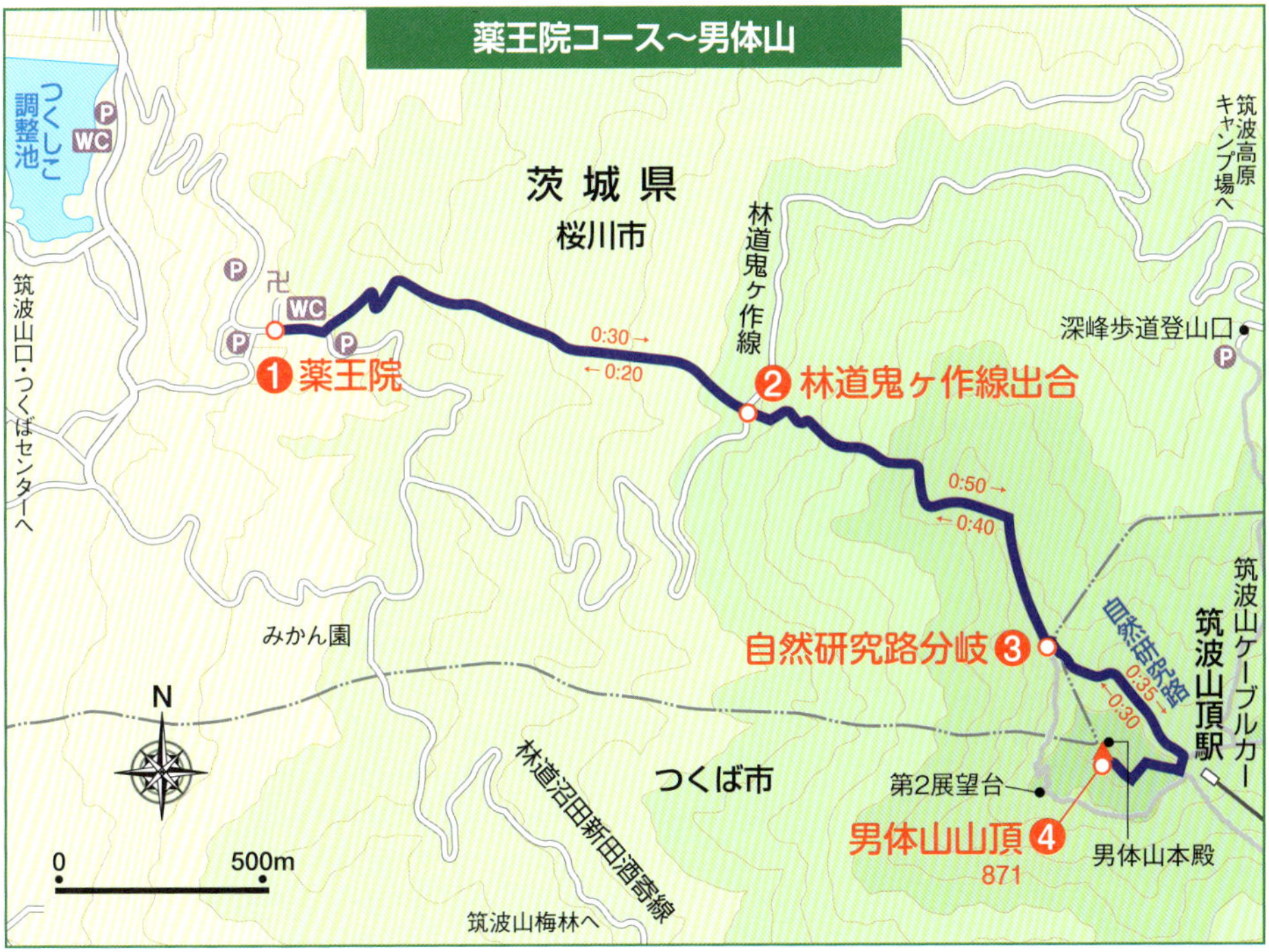

筑波山
TSUKUBASAN

深峰歩道《ふかみねほどう》

筑波山最短コース。歩きやすい簡易舗装路を登る

▲案内板が立つ道から出発

▲石のテーブルとベンチがある駐車場

静かな北斜面をたどり御幸ヶ原の茶屋裏へ

筑波山北側の裏筑波観光道路の終点、標高約550mにある深峰歩道登山口（ユースホステル跡地）から、御幸ヶ原へ至るコース。深峰歩道は、〝関東ふれあいの道〟にも指定されており、筑波山のルートの中では一番短いコースだ。

静かな筑波山を楽しみたい人や、御来光登山の夜間ルートとして利用するツワモノもいる。

マイカーかタクシーで来ることになるが、トイレがないので事前にすませてきたほうがいい。

❶深峰歩道登山口のコース案内板が立つ登り口からスタート。かつて御幸ヶ原へ物資や重機を上げる道であったため、簡易歩道が多く、幅が広く整備されているので、歩きやすい。

ゆるやかに登っていくとベンチがあり、周辺がカタクリの群

▲登り始めてすぐの所にある休憩所と道標

歩行時間
40分

歩行距離
1.2km

標高差
245m

体力度
☆★★

Access

電車・バス

●つくばエクスプレス「つくば駅」前の「つくばセンター」3番のりばから、つくバス北部シャトル（約45分）で終点「筑波山口」バス停で下車。近くのタクシー営業所より（約20分）深峰歩道登山口へ。

●JR常磐線「土浦駅」前の5番のりばから、路線バス筑波山口行き（約50分）で「筑波山口」バス停で下車。上記と同様にタクシーで深峰歩道登山口へ。

クルマ

●常磐自動車道・土浦北IC～国道125号～県道14号・41号～つくしこ～林道鬼ヶ作線経由（約50分）で、深峰歩道登山口へ。

●北関東自動車道・桜川筑西IC～国道50号～県道41号～裏筑波観光道路経由（約40分）で、深峰歩道登山口へ。

駐車場

ユースホステル跡駐車場（約40台、無料・トイレなし）を利用。

問い合わせ

植松タクシー ☎0120-66-0731

旬の花

北側の斜面を彩るカラフルな花たち

5〜6月には、ツツジの中でも標高の高い所に咲くトウゴクミツバツツジが色鮮やか。夏〜秋には、ツルニンジンの内側がほのかに赤紫に色づく。

▲トウゴクミツバツツジ（上）と、釣鐘型のツルニンジン

▲石が敷かれ、整備された道を登って行く

▲木のベンチでひと息いれよう

生地となっている。シーズン中にはその先のあちこちでもカタクリが咲き、エイザンスミレなどのスミレ類も多く見られる。

しばらく幅広の道を登っていくと、標高650m付近に**❷木のベンチ**が現れる。これが休憩に丁度いい。さらに登っていくと車止めがあり、左の狭い登山道へと入る。木の階段も現れ、段々と標高を上げていく。

石の階段が現れるとゴールはもうすぐだ。建物の屋根が見えたら、まもなく茶店の裏にポンと飛び出す。道標から左へ進み、トイレの前を過ぎると、**❸御幸ヶ原**に到着。

▲最後の石段を登る

▲女体山寄りの茶店の脇から、御幸ヶ原へゴール

筑波山
TSUKUBASAN

キャンプ場コース

●げんきゃんぷじょうこーす

カタクリの群落が美しい、静かな森林浴コース

歩行時間
1時間

歩行距離
1.6km

標高差
360m

体力度
★★★

▲キャンプ場の横に登山道の入口がある

▲一面カタクリが咲くキャンプ場

深峰歩道と組み合わせてもOK

筑波山北面にある筑波高原キャンプ場から、女体山の山頂付近まで登っていくこのコース。〝女体山・キャンプ場コース〟〝三本松線〟とも呼ばれている。

スタート地点の❶**筑波高原キャンプ場**には、駐車場とトイレがある。準備を整えたら、キャンプ場の道を上がっていこう。場内にはカタクリの群落があり、シーズンは斜面一面に咲いて見ごたえ十分だ。

キャンプ場の一番奥から山道へ入る。アズマネザサが道の両側を覆った針葉樹林を進むが、次第に見通しもよくなる。筑波山の南面のコースに比べて、それほどきつい登りもない。

▲中間点付近の直線の登山道

Access

電車・バス

●つくばエクスプレス「つくば駅」前の「つくばセンター」3番のりばから、つくバス北部シャトル(約50分)で終点「筑波山口」バス停で下車。近くのタクシー営業所より(約30分)筑波高原キャンプ場へ。

●JR常磐線「土浦駅」前の5番のりばから、路線バス筑波山口行き(約50分)で「筑波山口」バス停で下車。上記と同様にタクシーで筑波高原キャンプ場へ。

クルマ

●常磐自動車道・土浦北IC～国道125号～県道14号・41号～裏筑波観光道路経由(約50分)で、筑波高原キャンプ場へ。

●北関東自動車道・桜川筑西IC～国道50号～県道41号～裏筑波観光道路経由(約45分)で、筑波高原キャンプ場へ。

駐車場

筑波高原キャンプ場駐車場(約40台、水洗トイレは冬季閉鎖。キャンプ場内テントサイト1段目トイレは冬季使用可)を利用。

問い合わせ

植松タクシー ☎0120-66-0731

やがて道がまっすぐのびている場所に出る。道沿いには広葉樹やコアジサイなど低木が並び、このあたりにもカタクリが咲く。

▲女体山山頂まで0.5㎞の道標

新緑の頃も美しく、森林浴しながら気持ちよく歩ける。

そこを抜けると、15分ほど大きくジグザグに登る道となる。**❷女体山山頂まで0・5㎞の標識**が現れ、さらにジグザグに登っていくと、茂ったササに覆われて狭くなった道や、滑りやすい場所も現れる。

注意しながら進んでいくと、まもなく女体山の山頂手前の、広場のような場所に出る。

そこから石がゴロゴロした道をイッキに登り、**❸女体山山頂**に到着。深峰歩道と登り下りで組み合わせ、静かな筑波山を堪能するのもいい。

旬の花

春〜新緑の時季の花散策がおすすめ

人の少ないコースだが、春〜新緑の頃にはカタクリが見事。花が咲いた姿を静御前に見立てたヒトリシズカ、可憐なエイザンスミレも探して歩こう。

▲〝一人静〟とも書くヒトリシズカ(上)と、エイザンスミレ

▲女体山山頂下の広場に出ると、御幸ヶ原からの道と合流

▲山頂の社務所に向かって、最後の急坂を登る

筑波山
TSUKUBASAN

東筑波ハイキングコース

●ひがしつくばはいきんぐこーす

筑波山東麓の静寂の林道をたどり、つつじヶ丘へ

歩行時間
2時間
歩行距離
4.4km
標高差
250m
体力度
★★★

前半&後半は林道 中盤は登山道を行く

筑波山の東麓、標高約300mのハイキングコース入口から、約550mのつつじヶ丘へ抜けるコースだ。

▲ハイキングコース入口の道標から出発

人の少ない静かな山裾のハイキングコースだが、近年はトレイルラン大会も開かれている。

マイカーの場合は、「つくばねオートキャンプ場」の駐車場を利用する（要問い合わせ）。

❶ハイキングコース入口からスタート。ここにはトイレがないので、事前に済ませておこう。

しばらく仙郷林道をたどっていく。クワガタソウなどの花々や、カケスやホオジロなどの野鳥、運がよければ昼行性のホンドリスと出会えるかもしれない。

20分ほど行くと、チェーンで行き止まりとなった土俵場林道との分岐がある。ここは左の

▲行き止まりの土俵場林道との分岐は左へ

▲2つ目の分岐は左のチェーンの脇を抜けていく

Access

電車・バス

●つくばエクスプレス「つくば駅」前の「つくばセンター」3番のりばから、つくバス**北部シャトル**（約45分）で終点「**筑波山口」バス停**で下車。近くのタクシー営業所より（約20分）ハイキングコース入口へ。

●JR常磐線「土浦駅」前の5番のりばから、路線バス**筑波山口行き**（約50分）で**「筑波山口」バス停**で下車。上記と同様にタクシーでハイキングコース入口へ。

クルマ

●**常磐自動車道・千代田石岡IC**～国道6号～（茨城県フラワーパーク方面）～県道150号経由（約30分）で、ハイキングコース入口へ。

●**北関東自動車道・笠間西IC**～県道64・42・150号経由（約45分）で、ハイキングコース入口へ。

駐車場

「つくばねオートキャンプ場」の駐車場を利用（要問い合わせ）。

問い合わせ

植松タクシー ☎0120-66-0731

▲登山道入口から、静かな林の中へ入る

「つつじヶ丘」方面へ向かう。

さらに、15分ほど進んだ先の分岐は注意が必要だ。右の真壁方面へ向かう仙郷林道と分かれ、左へ進むためにチェーンのバリケードの脇を抜けていこう。

まもなく開けた場所に出る。その先を登っていくと、「つつじヶ丘駐車場1・5㎞」という道標が立つ❷**登山道入口**となる。

ここからは山林の中の登山道を進む。途中、小さな沢を渡りながら、ゆるやかに登っていく。

林を抜けると、「つつじヶ丘駐車場0・7㎞」の標識がある。そこから再び幅の広い林道を進み、いつしか行き止まりとなる。

右手にある階段を約100m上り切ったら、❸**つつじヶ丘**に到着。

旬の花

林道沿いや沢沿いにひっそり咲くセンブリ

湿り気のある草地に多いリンドウ科センブリ属が、秋頃に目を楽しませてくれる。〝千回振出しても苦い〟センブリや、アケボノソウを探そう。

▲センブリ(上)と、夜明けの星を名の由来としたアケボノソウ

▲樹林帯の中の小さな沢を渡っていく

▲最後の階段を上がったところ。すぐ側にトイレがある

筑波国際カントリークラブ
236
138
石岡市
平沢官衙遺跡
筑波山口へ
北条大池
霊園
大池公園
筑波総合体育館
WC
大池・平沢官衙入口
北条新田
山口コース(1)
山口コース(2)
新寺コース
表筑波スカイライン
宝篋山
宝篋印塔
宝篋山山頂
461
WC
土浦市
純平歩道
純平歩道
尖浅間山《とがりせんげんやま》
山頂
315
小田城コース
極楽寺コース
125
富岡山山頂
八幡神社
中世城の道
裏山池
小田中部
小田
小田東部
小田城跡
小田十字路
宝篋山入口
WC
宝篋山小田休憩所
ザル池
新池
常願寺コース
茨 城 県
つくば市
宝篋山《ほうきょうさん》
MAP
マップ
N
1:26.000
0
500m
桜川
宝生寺
土浦へ

宝篋山
HOKYOSAN

常願寺コース

●じょうがんじこーす

沢の小道、長長坂《ちょうちょうざか》、山桜の森と変化に富んだ最長コース

歩行時間	2時間10分
歩行距離	4.0km
標高差	439m
体力度	★★★

▲里山から眺める春の宝篋山。山頂に電波塔が立っている

小田休憩所を出発しのどかなあぜ道を行く

筑波山の南東に位置する、標高４６１ｍの宝篋山《ほうきょうさん》。地元では「小田山」と呼ばれて親しまれ、５つのハイキングコースが整備されている。

山頂では美しい筑波山が目の前に迫り圧巻。３６０度の大パノラマも楽しむことができる。

常願寺コースは、尖浅間山《とがりせんげんやま》を経由する一番長いコースだ。

スタートはバス停から近く、トイレもある❶**宝篋山小田休憩所**。すぐ側の無料駐車場の角に立つ道標に従って進んでいこう。

登山者の憩いの場

◀宝篋山小田休憩所のトイレで準備を整えよう

Access

電車・バス

●つくばエクスプレス「つくば駅」前の「つくばセンター」3番のりばから、つくバス**小田シャトル**（約35分）**で「小田東部」バス停**で下車。徒歩約10分で宝篋山小田休憩所へ。

●JR常磐線「土浦駅」前の5番のりばから、関東鉄道**筑波山口行き**（約30分）で**「宝篋山入口」バス停**で下車。徒歩約5分で宝篋山小田休憩所へ。

クルマ

●**常磐自動車道・土浦北IC**～国道125号～小田十字路経由(約10分)で、宝篋山小田休憩所へ。

駐車場

宝篋山小田休憩所そばの駐車場（約70台、無料、トイレ有り）を利用。

問い合わせ

宝篋山小田休憩所 ☎029-867-1368

尖浅間山《とがりせんげんやま》から縦走し山頂で筑波山を眺める

まず水田の中の道を、道標に従って進んでいこう。ザル池を過ぎて極楽寺コースと分かれ、新池を通過していく。

しばらく進んで正面に人家が見えたら、手前を左へ。里山から山林へ入り、常願寺沢沿いに進んでいくと、右手に「沢の小道↓」という道標が現れる。直進する道と約500m先で合流するので、ここは沢の小道へと下りていこう。

一度沢を渡り、宝命の滝を過ぎると、先ほど分かれた道と合流する。そこから少し先の天狗岩が、コースのほぼ中間点だ。

このあたりから登りがきつくなってくる。くずしろの滝を過ぎると**❷純平歩道分岐**に着く。

そこからは道標にある「山頂1・9㎞」方面へ。右手にある雅の滝を通過すると、その先から「長長坂」と名付けられた急坂がスタート。九十九《つづら》折りの道をひたすら登っていく。

登り切ったら、標高315mの**❸尖浅間山山頂**に着く。眺望はあまり望めないが、休憩スペースがある。

そこからは宝篋山までは尾根伝いに進む。野鳥の森を抜け、山桜の森に出ると、**❹極楽寺コース合流**。テーブルとベンチがあり休憩するにはいい場所だ。

その先はヤマツツジが咲くほぼ平坦な道で、山頂下のバイオトイレのある広場まで行ける。

そこで小田城コースと合流。約100m登って鳥居をくぐれば、シンボルの宝篋印塔が立つ**❺宝篋山山頂**に到着。筑波山を眺めながらのランチは格別だ。

▲のどかな田園、新池のほとりを行く

▲沢の小道はこの道標から

▲上から見下ろした急な長坂

▲花びらが舞い落ちた後の山桜の森

▼尖浅間山の山頂の休憩スペースでひと休み

旬の花

沢沿いで出合うタニギキョウ

沢の小道では小柄で可憐なタニギキョウの花に出合える。開花した後に枯死するといわれるアズマネザサも、花をつけていることがあるので観察してみよう。

▲タニギキョウ（上）と、おしべを垂らしたアズマネザサ

▲山頂から眺める筑波山。360度の大パノラマが楽しめる

▲山頂下のバイオトイレ

▲鎌倉時代に建てられた宝篋印塔

宝篋山
HOKYOSAN

極楽寺コース《ごくらくじこーす》

小さな滝や、コブシの大木に心癒される人気コース

歩行時間
1時間45分
歩行距離
3.0km
標高差
439m
体力度
★★★

常願寺コースと分かれ急傾斜の沢筋をたどる

宝篋山小田休憩所から純平歩道を経て、山頂に至るこのコース。前半は沢沿いの道を進み、後半は森林の中を行く。

▲宝篋山小田休憩所からスタート

連続する滝や、美しい花を咲かせる銘木など見所も多く、宝篋山では一番の人気コースだ。

コース名の「極楽寺」は、鎌倉時代にこの地にあった広大な寺院からきている。今はコース上の五輪塔や、山頂の宝篋印塔などで面影を残すのみだ。

スタートは❶**宝篋山小田休憩所**から。バス停から近く駐車場もある。休憩所のトイレで準備を整え、道標に従って進もう。

ザル池を過ぎ、常願寺コースと分かれて進むと、左手に地蔵菩薩立像がある。

目指す宝篋山を正面に見ながら農道を進む。極楽寺公園を過

▲田園の道で常願寺コースと分かれる

▶鎌倉後期の石造五輪塔

Access

電車・バス

●つくばエクスプレス「つくば駅」前の「つくばセンター」3番のりばから、つくバス**小田シャトル**（約35分）**で「小田東部」バス停**で下車。徒歩約10分で宝篋山小田休憩所へ。

●JR常磐線「土浦駅」前の5番のりばから、関東鉄道**筑波山口行き**（約30分）で**「宝篋山入口」バス停**で下車。徒歩約5分で宝篋山小田休憩所へ。

クルマ

●**常磐自動車道・土浦北IC**～国道125号～小田十字路経由(約10分)で、宝篋山小田休憩所へ。

駐車場

宝篋山小田休憩所そばの駐車場（約70台、無料、トイレ有り）を利用。

問い合わせ

宝篋山小田休憩所 ☎029-867-1368

旬の花

山桜の花びらが舞い落ちる登山道

3～4月、房状に淡黄色の花をつけるキブシは、早春の山菜としても有名。同じ頃にヤマザクラも開花し、舞い散る花びらで登山道も一面ピンクに。

▲「黄藤」とも呼ばれるキブシ（上）と、ヤマザクラ

▲地蔵菩薩立像のあたりから見た宝篋山。まん中の濃い緑の沢筋を行く

ぎると道は二股に。右が本コースだが、ここでは五輪塔をめぐる左のサブコースへ進もう。

五輪塔を通過するとせせらぎが聴こえ、沢沿いの登山道となる。沢を渡って左へ行くと、慈悲の滝が水音をたてている。

その先で本コースと合流し、五条の滝に出る。このあたりから針葉樹林の中の急登が続く。こころの滝を眺めるベンチがあるので、ひと休みしよう。

白滝の上を通過すると、その先に葵の滝、その上に太郎こぶしの巨木が大きく見える。

大岩や大根おろしという岩群を通って急傾斜を登るが、道がわかりにくいところも多い。沢筋を行くと、太郎こぶしの下にある休憩所を通ることになる。

いずれにせよ登り詰めると、❷**純平歩道分岐**に到着。

▲木漏れ日の中、白滝の上を渡っていく

▼こころの滝を見下ろしながらベンチで休憩

▲純平歩道分岐に出たら右へ

純平歩道から大岩群を抜けてこぶしの森へ

太郎こぶしを過ぎるとすぐの純平歩道は、常願寺・極楽寺・小田城の3コースをつなぐ道だ。❷**純平歩道分岐**を右へ行くと、

▲関東平野や富士山を眺めるベンチ

春爛漫!!
コブシの満開は
3月下旬〜4月上旬

▲青空に白い花が映える元禄こぶし

▲幹まわりが2m70cmほどある太郎こぶし

▶こぶしの森を行く。元禄こぶしは見上げるほど大きい

ベンチがある開けた場所に出て、視界のいい日は富士山も望める。

周囲はコナラやホオノキ、アオダモなどの広葉樹林へと変わっている。歩きやすい森林浴の道を10分も行けば純平歩道と分かれる分岐があり、ここは左の「山頂まで1・0㎞」方面へ。

そこから木々の間を抜けるように急傾斜を登る。大岩群の先に「↑山頂　山頂↓」という道標があるが、右はこぶしの森展望所を経由する。左へ行くとこぶしの森を歩き、元禄こぶしを間近に見ることができる。

どちらを通っても山桜の森の中の❸**常願寺コース合流**に着く。

常願寺コースと合流し宝篋峰城跡へ寄り道

山桜の森のテーブルとベンチで休憩したら、その先は常願寺コースと同じく、ヤマツツジが咲くなだらかな道を進んでいこう。

途中、「宝篋峰城跡」へ行く脇道がある。麓にある国の史跡「小田城跡」に関連する城郭跡ではないかと考えられている場所だ。ここを通っても山頂下のバイオトイレのある広場まで行けるので、寄ってみよう。

そこで小田城コースと合流し、最後の登りを行くと分岐がある。右へ行くと、電波塔のメンテナンスなどに利用されている舗装道路に出るが、ここは左へ。

まもなく鳥居が見え、階段を上がれば❹宝篋山山頂に到着。

▲宝篋峰城跡に寄っていこう

▲木の鳥居をくぐると、鎌倉時代中期頃の造立といわれる宝篋印塔が迎えてくれる

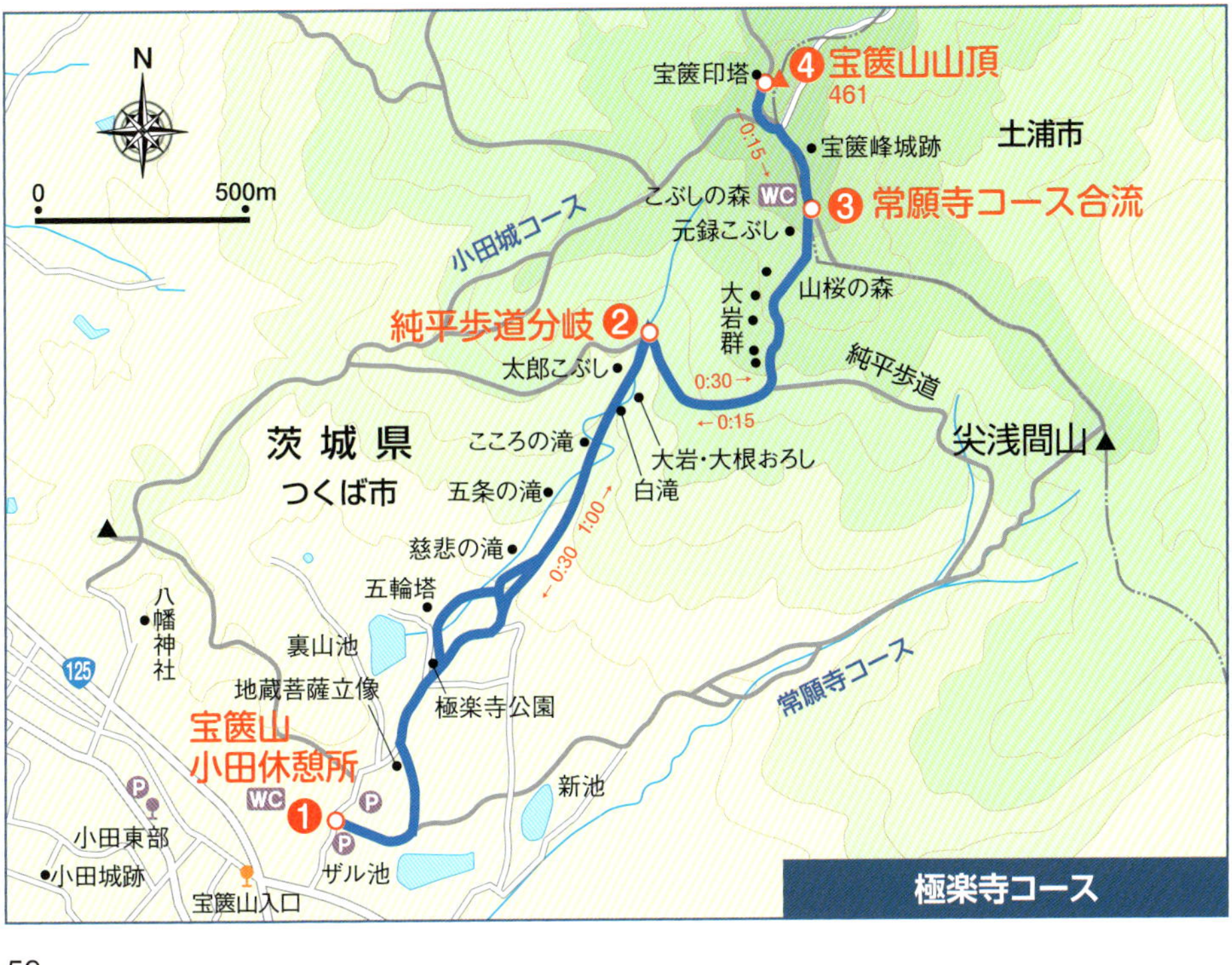

宝篋山
HOKYOSAN

小田城コース《おだじょうこーす》

鎌倉～戦国時代にこの地にあった小田城ゆかりのコース

歩行時間 1時間40分
歩行距離 2.5km
標高差 431m
体力度 ★★★

▲出発点の八幡神社

▲小田城跡

スタートは、八幡神社から

宝篋山の南西麓にある国の史跡「小田城跡」。鎌倉時代～戦国時代にかけてこの地を支配した、小田氏の居住跡だ。

そんな歴史にちなんだ名前が付いた小田城コース。

スタートは、国道125号線の小田バス停付近から、舗装道を10分ほど歩いた八幡神社だ。クルマの場合は、市営の筑波山麓小田駐車場へ。駐車場から車道を行き、125号線へ。

125号線から少し入った所に白い鳥居が目印の❶**八幡神社**がある。ここから登山開始。神社の鳥居の前を左へ進み、登山道に入る。10分ほどで愛宕神社を過ぎると十字路が現われ、そこで「中世城の道」と合流する。❷**富岡山分岐**。左の道を進むと富岡山、宝篋山山頂へは直進

▲愛宕神社の手前を左へ登る

Access

電車・バス

●つくばエクスプレス「つくば駅」前の「つくばセンター」3番のりばから、つくバス**小田シャトル**(約40分)で**「小田中部」バス停**で下車。徒歩約10分で八幡神社へ。

●JR常磐線「土浦駅」前の5番のりばから、関東鉄道**筑波山口行き**(約35分)で**「小田」バス停**で下車。徒歩約5分で八幡神社へ。

クルマ

●**常磐自動車道・土浦北IC**～国道125号～小田十字路経由(約10分)で、市営筑波山麓小田駐車場へ。

問い合わせ

宝篋山小田休憩所 ☎029-867-1368

▲標高110メートル富岡山山頂。残念ながら眺望はない

▲この十字路で中世城の道と八幡神社コースが合流する

する。富岡山の山頂へはすぐなので、寄ってみるのもいい。ただ、樹木が生い茂っていて眺望は望めない。

宝篋山山頂へ向かう。ここからは「堂平」と表示された、なだらかな尾根道を行く。途中、崖のような急斜面に通された細い道を、トラバースするように進む時は注意だ。

やがて広葉樹の気持ちのいい林の中、❸**純平歩道分岐**に到着する。

右へ行くと約25分で極楽寺コースと合流する。山頂へは左へ進んでいこう。段々と急坂となってきたところで、大峰ルートへ向かう分岐に着く。左に行くと大峰平展望所があるが、樹幹越しの眺めとなる。

▲なだらかな登山道は歩きやすい

▲堂平と表示された登山道は、緩やかな登りが続く

旬の花

日本自生の蘭 ミヤマウズラ

3〜4月、日当りのいい樹林の林床にニオイタチツボスミレを探そう。8〜9月にはミヤマウズラを。鳥が翼を広げたような薄ピンクの小花が可愛い。

▲ミヤマウズラ(上)と、濃い紫のニオイタチツボスミレ

▼純平歩道分岐。極楽寺コースまで約1km、山頂は直進する

▲七曲と表示のある曲がりくねった道を行く

眺めを楽しみながら下浅間《しもせんげん》神社へ

右ルートを進むと「七曲」と呼ばれるジグザクの道となり、「硯石」「幸福の門」などの岩を経由する。どちらを行っても下浅間神社の下で合流するので、好きなほうを選ぼう。

下浅間神社の鳥居をくぐると小さな石柱が祀られている。かつて宝篋山山頂は女人禁制で、女性はここで祈願したという。

神社下の展望所からの眺めはすばらしく、宝篋山の中でも抜群のロケーションだ。

そこから登るとすぐ、宝篋山の北西面を登ってくる**❹山口コース(2)合流**ポイントに着く。

▲「硯石」。書道の硯のような岩

▲下浅間神社の鳥居をくぐり展望台へ

▲ベンチのある山口コース(2)合流

▲下浅間神社下の展望所からの眺め。冬の視界のいい日は東京スカイツリーや富士山も見える

次々と他コースと合流して山頂へ

山口コース（2）と合流後は、夏場には緑のトンネルのように草木が生い茂る道を登っていく。

まもなく道が二股になるが、どちらを行っても山頂に行ける。二股を直進すると、バイオトイレ前で常願寺・極楽寺コースと合流する。また、左へ行くと山頂のすぐ手前で他のコースと合流し、❺宝篋山山頂に至る。

山頂からは東には霞ヶ浦、さらにその向こうに雄大な太平洋が望める日もある。

▲樹木の間を抜けると間もなく山頂

▶宝篋山山頂に立つ「宝篋印塔」と山頂碑。浅間神社もある

▶山頂から霞ヶ浦方面を望む

宝篋山
HOKYOSAN

山口コース（1）

●やまぐちこーす（1）

自然探索しながら眺望も楽しめるネイチャーコース

歩行時間
2時間

歩行距離
3.5km

標高差
424m

体力度
★★★

前半はたっぷり森林浴 後半は眺めを堪能

宝篋山の北西側から登るメインルートといえるこのコース。バスを利用する時のスタートは、❶**大池公園**から。トイレで準備を整え、左に北条大池を見ながら車道を歩き出そう。

▲スタートの大池公園

マイカーの時は、国指定史跡「平沢官《ひらさわかん》衙《が》遺跡」近くの平沢駐車場から出発。どちらも山口集落に入ると❷**新寺コース分岐**と出合う。小さな道標があり、山口コースの方へ進もう。やがて道が細くなり、砂利道から登山道へ、竹やぶから針葉樹林帯へと変わっていく。

ゆるやかに登っていくと、❸**山口コース（2）分岐**に着く。山頂へは左のコースへ。次第に傾斜がきつくなり、沢を渡って大きく左へ右へカーブしながら登っていく。

道が平坦になると、やがて右

▶湧き水が流れる宝篋名水

お腹をこわしやすい人は控えよう

▲山頂へ3.0km。この先から登山道に

Access

電車・バス

●つくばエクスプレス「つくば駅」前の「つくばセンター」3番のりばから、つくバス**小田シャトル**（約45分）で**「大池・平沢官衙入口」バス停**で下車。徒歩約1分で大池公園へ。

●JR常磐線「土浦駅」前の5番のりばから、関東鉄道**筑波山口行き**（約40分）で**「平沢官衙入口」バス停**で下車。徒歩約1分で大池公園へ。

クルマ

●**常磐自動車道・土浦北IC**～国道125号～大池公園から石岡つくば線に入り（約5分）、平沢駐車場へ。

駐車場

登山者は平沢官衙遺跡に近い**平沢駐車場**（約66台、無料）を利用。

問い合わせ

宝篋山小田休憩所 ☎029-867-1368

手に「宝篋名水」の清水が湧き、左手には眺望が広がる。

　義経岩を過ぎて右に折れると、このコースで一番のビューポイントだ。周囲にはツクバキンモンソウなどの花も咲いている。

　さらに左へ右へと折れて進み、左手の脇道を上がると、1985年のつくば科学万博を記念した万博記念の森に着く。記念碑の立つ開けたエリアを抜けると元の道と合流する。

　山頂前の分岐では、右が山頂まで約500mのアップダウンのある登山道、左があと約700mの林道に出る迂回路だ。

　右へ進むと窪地があるが、そのあたりは麓の小田城跡に関連した城塞の跡といわれている。

　正面に電波塔が見えてくると、まもなく❹**宝篋山山頂**に到着。

▲ビューポイントから眺める関東平野

▲山頂前分岐。登山道本線は右へ

▲山頂では筑波山の方向から登ってきたことを実感

旬の花

筑波山で発見されたツクバキンモンソウ

筑波山で発見されたツクバキンモンソウ。4～5月にビューポイント付近で出合えるかも。8～9月にはオオヒナノウスツボも暗赤色の花をつける。

▲オオヒナノウスツボ（上）と、ツクバキンモンソウ

宝篋山
HOKYOSAN

新寺コース《にいでらこーす》

わかりづらい踏み跡に注意！ 野趣あふれるコース

歩行時間
1時間25分
歩行距離
3.0km
標高差
250m
体力度
★★★

細い登山道を進み小田城コースに合流

山口コースよりも、南側の里山と樹林帯をたどるこのコース。登山者が少ないせいか道が細く、脇道も錯綜し迷いやすいので注意して進もう。

大池公園や平沢駐車場から山口コースと同じ道をたどり、❶**新寺コース分岐**からスタート。

小さな道標があり、「山口コース(2)・新寺コース」へと進む。宝篋山を見ながらため池の横を進むと、T字路に突き当たる。左の山口コース(2)と分かれ、ここは右へ進もう。

しばらく山口地区の車道を進み、新寺集落から左へカーブミラーのある舗装道を登っていく。

民家の脇に「宝篋山新寺コース→」の道標を見つけたら右へ。

そのあたりには春、大きなウワミズザクラが咲いている。

▲民家の脇を右へ入る

▲カーブミラーのある左の道へ

▲登山道入口から山道へ

Access

電車・バス

●つくばエクスプレス「つくば駅」前の「つくばセンター」3番のりばから、つくバス**小田シャトル**(約45分)で**「大池・平沢官衙入口」バス停**で下車。徒歩約10分で新寺コース分岐へ。

●JR常磐線「土浦駅」前の5番のりばから、関東鉄道**筑波山口行き**(約40分)で**「平沢官衙入口」バス停**で下車。徒歩約10分で新寺コース分岐へ。

クルマ

●**常磐自動車道・土浦北IC**～国道125号～大池公園から石岡つくば線に入り(約5分)、平沢駐車場へ。

駐車場

登山者は平沢官衙遺跡に近い**平沢駐車場**(約66台、無料)を利用。

問い合わせ

宝篋山小田休憩所 ☎029-867-1368

旬の花

別名「ジジババ」と呼ばれるシュンラン

野生蘭のシュンラン。花びらの斑点がシミに見え、「ジジババ」の別名がある。登山道入口付近のウワミズザクラの花はブラシのようでおもしろい。

▲春を彩るシュンラン(上)と、ウワミズザクラ

▲自然を感じられる登山道

▲まずは針葉樹林帯を進む

その先の「山頂2・1㎞」の道標の立つ❷登山道入口から山道に入っていこう。

針葉樹林帯を抜けるとアズマネザサの中を進む。シダ植物のウラジロも多くやや鬱蒼《うっそう》とした森の中を登っていくが、春にはシュンラン、秋にはミヤマウズラの花に出合えるかもしれない。

やがて広葉樹も混じり、野鳥のさえずりも聴こえる。山道を30分ほど行くとジグザグ状の登りの急な滑りやすいポイントにさしかかるので注意。

それを登り切ると道は平坦になり、やがて少し下って小さな沢を渡る。

それから5分ほど登ると、❸山口コース(2)合流に着く。

ここから山頂までは約1㎞。まもなく「山頂0・3㎞」の道標のところで、❹小田城コース合流に到着。ここから約25分で宝篋山山頂となる。

▲山口コース(2)合流。その先で小田城コースとも出合う

PART 2

筑波山神社

～悠久の歴史を今に伝える～

筑波山をご神体として仰ぐ山岳信仰を継承
最近ではパワースポットとしても人気

はるか古《いにしえ》より、神棲まう山として信仰を集めてきた筑波山。その霊峰への信仰を、現代に伝えるのが筑波山神社だ。神社の神域には霊験あらたかな奇岩・巨石が点在し、それらを訪ねる「パワースポット巡り」も人気を博する。関東有数の大霊場、筑波山神社には発見や驚きが待っている。

▼中腹から筑波山梅林から仰ぐ男体山の山頂

▲日枝神社の本殿に施された彫刻。日光東照宮より古いと伝わる「三猿」

▲筑波山神社拝殿軒下の大神鈴

万葉集にも詠まれた神の山「筑波山」	70
筑波山神社	74
筑波山神社境内	76
境内ご利益スポット	78
［筑波山神社］境内マップ	79
筑波山神社のお守り	80
筑波山神社の年中行事	81

▼江戸時代初期に徳川幕府によって寄進された神橋

▲筑波山神社男体山本殿より、関東平野を望む

筑波山神社～悠久の歴史を今に伝える～

万葉集にも詠まれた神の山「筑波山」

関東平野の北東にそびえる秀麗な双耳峰 憧れを抱いた都人が雅な和歌を残す

天空の峰に男女神が鎮座 都人《みやこひと》にも詠まれた筑波山

筑波山信仰の発祥は、はるか古《いにしえ》に遡る。7世紀の祭祀具類が発掘されていることから、少なくとも飛鳥時代には信仰が生まれていたのは間違いない。

8世紀初頭に編纂《へんさん》された『常陸国風土記』には、筑波山の神についての記述がある。女体山の頂直下から、奈良期に都で制作された銅鏡も出土した。中央から派遣された役人が銅鏡を奉納し、国の安寧を祈念――。こ

▲古代には和歌の歌枕の地としても都の貴人たちから憧れを抱かれた筑波山

の時代には、国家的祭祀の場として重要視されていたようだ。
　東国に優雅に裾野を広げる聖山は、都人の想像力をかき立て、多数の和歌がつくられた。『万葉集』には筑波山を詠んだ歌が25首収録され、数では富士山さえ凌ぎ、日本の山のなかでは別格扱いだ。筑波山に対する関心の高さがうかがえる。
　男神、女神を祀る峰が寄りそう山容に加え、山麓で男女が歌を交わして求愛をする歌垣《かがい》の風習から、平安時代には、筑波山は和歌で恋をうたう際に用いる代表的な歌枕になっていく。

▲女体山山頂からの眺望

筑波嶺《つくばね》を　外《よそ》のみ見つつ　ありかねて
雪消《ゆきげ》の道を　なづみ来《け》るかも
――『万葉集』巻三・383　丹比真人国人《たぢひのまひとくにひと》――
「男女二神が住まう気高い山だと昔から伝えられてきた筑波山。眺めているだけでは我慢できなくなり、雪解けの道に難渋しながら、ようやく登ってきた」

――筑波嶺《つくばね》の　峰より落つる男《み》女川《なのがわ》　恋ぞつもりて　淵となりぬる――

　平安初期の天皇、陽成院が詠んだ一首（『百人一首』）だ。ほのかだった恋情がしだいに募り、いつしか淵のように深い思いになった様を、筑波山から発する男女川の流れにたとえた。
　陽成院は筑波を訪れてうたったわけではないが、平安中期を代表する歌人の能因《のういん》法師は、著名な歌枕の山に憧れ、実際に訪れてこう詠んだ。

――よそにのみ　思ひおこせし　筑波嶺の　峰の白雲　けふ見つるかな――

　長年、思い描いていた筑波山にかかる白雲を、今朝ようやく目にすることができた。都人の筑波山に寄せる憧憬の強さが歌からほとばしる。
　現代に継承された筑波山信仰の中心には、そんな古代の雅な文化が息づいている。

▲筑波山からの夕陽と富士山

徳川幕府が江戸を守る霊峰として庇護 山中に堂棟が建てられた門前町も繁栄

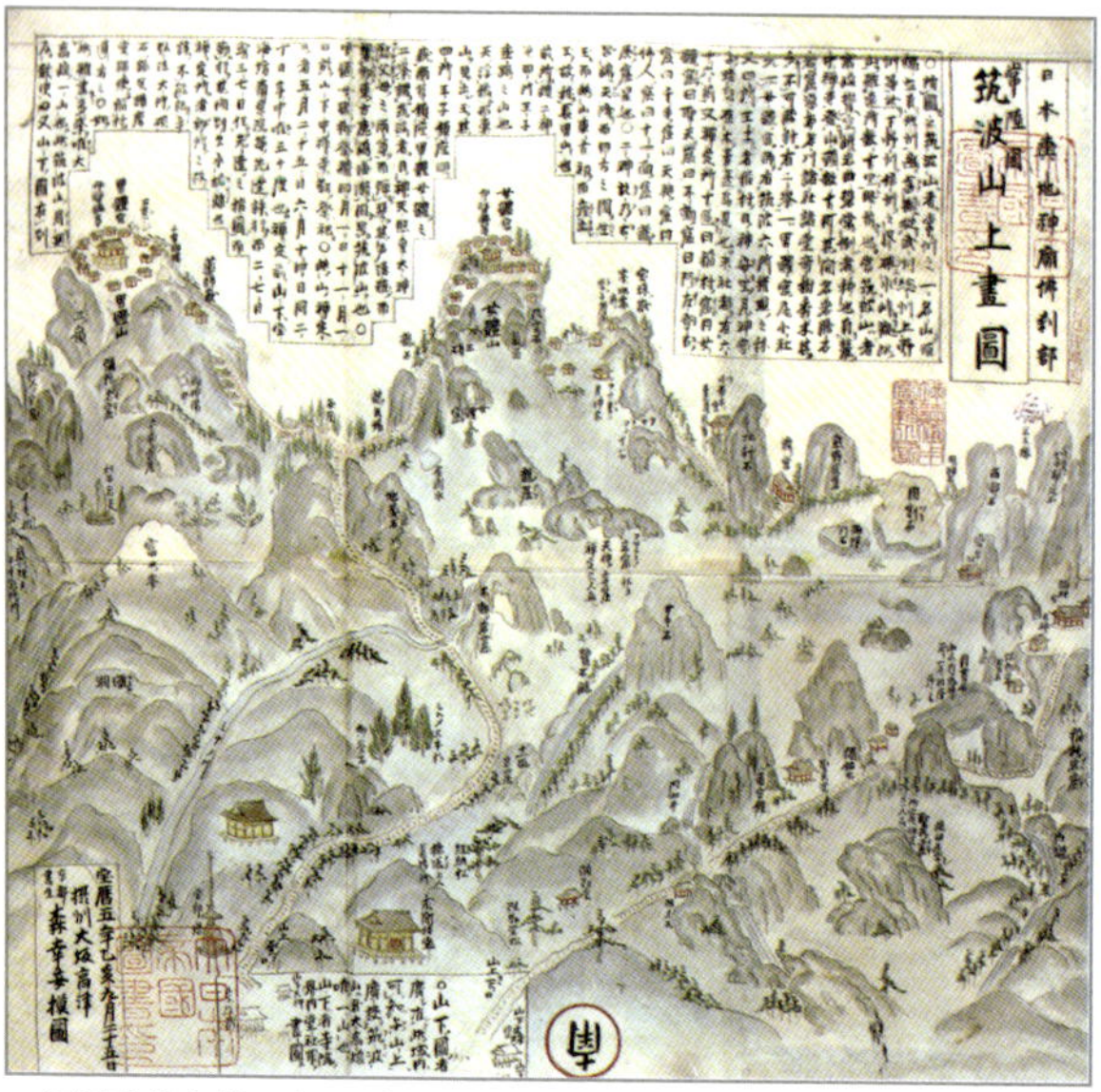

▲江戸時代中期の宝暦5（1755）年に描かれた「筑波山上画図」。参道や峰々に多くの堂舎や祠が並び、往時の盛況を今に伝える

仏教や修験の影響を受け 山岳信仰の霊場に発展

男女二神を祀る筑波山に、平安時代になると仏教も入ってきた。東北や関東に多数の寺院を開いたとされる奈良仏教の名僧徳一が来山し、筑波山にも寺を設けたと伝えられる。

さらに中世に入ると、神と仏が一体という神仏習合の思想のもと、修験信仰が盛んになる。関東屈指の山岳信仰の霊場として、全国にその名が高まった。

現在、パワースポットとして人気の山中にある奇岩霊石の多くは、修験者たちがそれぞれを神仏に見立てて崇めた、山岳信仰の行場跡である。巨岩を拝してエネルギーをもらう彼らの修行は、パワースポット巡りのルーツといっていい。

筑波山には、鎌倉時代に浄土真宗を開いた親鸞上人の伝承も色濃く残る。親鸞は越後に配流後、現・茨城県笠間にきて布教した。男体山直下の立身石に立ち、親鸞は山中をさまよう餓鬼たちを念仏で救ったという。

将軍家光が伽藍を寄進 庶民も参拝に押し寄せる

徳川家康が江戸に幕府を開くと、筑波山は幕府の重要な祈願所として庇護された。江戸から見て、筑波山が災いをもたらすという表鬼門（北東）の方角に当たるため、表鬼門を鎮護する役割が期待されたからだ。

ことに崇敬を寄せたのが、三代将軍家光だった。家光は戦国期の火災で荒廃していた堂塔を再興し、大御堂《おうみどう》や随神門《ずいしんもん》、神橋《しんきょう》、厳島神社、日枝神社・春日神社

▶板東札所の二十五番・大御堂。明治の廃仏毀釈で破却されたが昭和になって真言宗寺院として再建された

を造営。山頂の本殿も建て替えた。

さらに商人を住まわせ、門前町を形成させた。筑波千軒といわれた門前町の繁栄は、この家光のときに礎がつくられた。

以降の将軍も筑波山を大切にし、山中には30を超える寺社がひしめくという盛況であった。

筑波山には、狩野探幽《かのうたんゆう》が描いた「三十六歌仙絵額」や、国の重要文化財に指定される「銘吉宗　太刀」も伝わるが、どちらも将軍家が寄進したものだ。

江戸も中期に入ると、縁結びや夫婦和合に霊験があるとして、一般庶民も参詣に訪れるようになった。土産物屋や宿屋、遊興施設も増えていき、大変な賑わいをみせる。詳細な道中案内記も刊行されるに至った。

筑波山は江戸から望め、歌川広重の描いた「名所江戸百景」では、10図に筑波山が登場する。江戸の町民には身近に感じられた山だったことも、参詣者を増加させる要因だった。

筑波山名物といえば膏薬のガマの油である。売り子が各地に赴いて販売する際に用いた独特の口上が人気を呼び、筑波山の名を広めた点も見逃せない。

参拝や物見遊山でにぎわった筑波山だが、明治政府が発した神仏分離令により、仏教色を廃して本来の神社の姿に立ち返った。今では年間２００万人が訪れる筑波山。古代より育まれた信仰や文化のもつ厚みや奥行が、私たちを魅了してやまない。

▲「三十六歌仙絵額」のうち平安前期の歌人紀貫之

▼狩野探幽「三十六歌仙絵額」のうち歌聖柿本人麻呂

▲幕府お抱え絵師の狩野探幽が描いた「三十六歌仙絵額」のうち小野小町

▲将軍家が寄進した備前一文字派の刀工吉宗の作とされる名刀。国重要文化財

COLUMN

幕末　天狗党の悲劇

幕末の元治元（1864）年、筑波山境内で、水戸藩士ら尊王攘夷派1400人が攘夷を掲げて決起した。水戸天狗党の乱だ。

だが幕府軍との戦いに敗れ、一橋慶喜（水戸藩出身で後の15代将軍）を頼って京を目指すが、慶喜に見放され、北陸で投降する。多くが処刑され、失意のうちに天狗党の夢は潰えた。

▶境内には、水戸天狗党の中心人物、藤田小四郎（23歳）を顕彰する銅像も立っている

P79マップ参照

▲筑波神社の拝殿は山頂に祀られた神々の遥拝所

筑波山神社～悠久の歴史を今に伝える～

筑波山神社

ふたつの峰に鎮まる男女の貴神を奉斎 拝殿背後の神域には神威が満ちる

古き信仰を今に受け継ぐ 格式あふれる重厚な拝殿

一般的な神社なら、拝殿のすぐ後ろに本殿を置くが、筑波山神社は男体山、女体山の各山頂に本殿が鎮座している。筑波山そのものをご神体とする祭祀ゆえだ。奉斎の対象となる神域は、拝殿の背後から山頂にかけての約354ヘクタールと広大。神域の深い森に一歩踏み込めば、巨樹や巨岩に宿る神威に満ちている。

ご神徳は縁結び、夫婦和合、家内安全、子授けから、豊作や大漁祈願まで――。今日もたくさんの人が、それぞれの思いを胸に、拝殿に手を合わせている。

▶筑波山の中腹に立つ筑波山神社拝殿。近くにケーブルカー宮脇駅もある

男体山本殿

▶筑波男ノ神を祭神にいただく、筑波山神社の一間社流造の男体山本殿

西峰の男体山に祀られた夫神である「筑波男ノ神」

標高871メートルの男体山の絶頂に鎮座するのが筑波男ノ《つくばおの》神《かみ》（伊弉諾尊《いざなぎのみこと》）である。

奈良初期に書かれた「常陸国風土記」には、神域中の神域として、男体山への登拝は禁じられていたとある。やがて男性は解禁されたが、女人禁制だけはその後も長く維持された。

なお、男体山だけでなく、女体山にも守札授与所が設けられるが、常時開いているわけではないので事前に確認しよう。

▲女体山から望む男体山の雄姿

女体山本殿

▲女体山の頂には、日本神話の国造りにちなみんで、天浮橋が架けられている　▶筑波女ノ神を奉斎する女体山本殿が鎮座している

眺望抜群の山頂に鎮まる妻神たる「筑波女ノ神」

東峰である女体山の標高は877メートルで、こちらが筑波山の最高点となっている。

祭神は筑波女ノ神《つくばめのかみ》（伊弉冉《いざなみの》尊《みこと》）で、男体山の妻神だが、古代には頂の直下で銅鏡を奉納する祭祀が営まれ、禁足地だった男体山とは性格を異にする。

山頂は岩で構成され、荒々しい印象を受けるが、眺望は男体山よりも優れ、晴れていれば富士山や関東一円だけでなく、鹿島灘や霞ヶ浦も見下ろせる。

▲つつじヶ丘方面から見上げた女体山

筑波山神社～悠久の歴史を今に伝える～

筑波山神社境内

筑波山中腹の境内に広がる華麗な諸建造物 徳川将軍家が寄進した社殿も現存

1 神橋《しんきょう》

安土桃山様式の美しい反り橋。3代将軍家光が寄進し、5代将軍綱吉が改修した。通常は渡れないが、御座替祭（おざがわりさい）や年越祭（としこしさい）のみ参拝者も通行可能。

2 隨神門《ずいしんもん》

江戸初期に家光によって造営されたが、火事で二度焼失。現在の門は江戸後期に再建されたもの。勇壮かつ緻密な造形が神社の格式の高さを誇る。

3 愛宕神社《あたごじんじゃ》

拝殿の東側、登山道の白雲橋コースを少したどった森のなかに社がある。火災から守る火防の神を祀り、筑波山神社境内社の一社。

4 厳島神社《いつくしまじんじゃ》

弁天様でもある市杵島姫命（いちきしまひめのみこと）を祀る。水の神として、池のなかに社を設けた。琵琶湖の竹生島神社から勧請。建物は将軍家光が寄進したものだ。

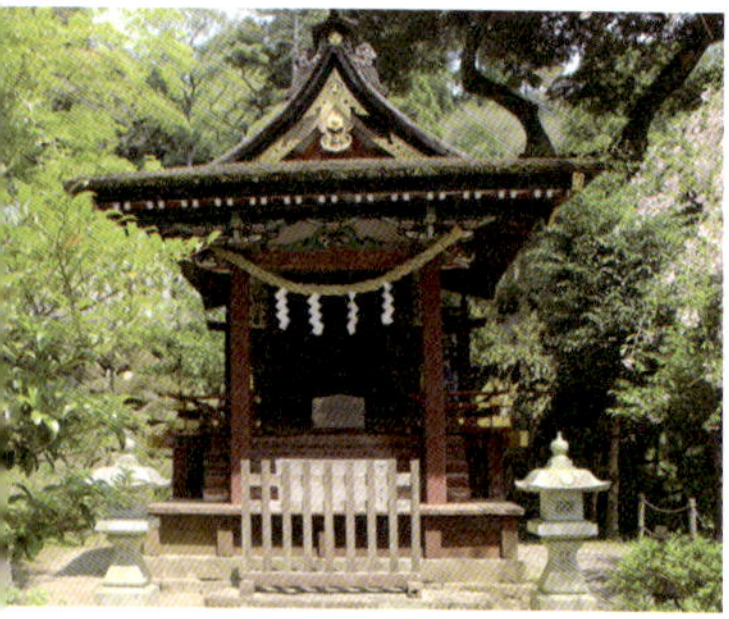

参拝者は年間200万人 見所の多さが当社の魅力

江戸時代に徳川将軍家によって造営された伽藍は、明治初期の廃仏毀釈でほとんどが取り壊された。だが、古代から連綿と続く信仰の威光は衰えを見せない。由緒ある社殿を前にすれば自然と背筋が伸び、清々しい思いに包まれるだろう。

アクセスがよく、短時間で訪れられるのも大きな魅力だ。時間をかけて散策すれば、境内に満ちる神域を存分に満喫できる。

5 春日神社《かすがじんじゃ》・日枝神社《ひえじんじゃ》

東が日枝神社、西が春日神社で拝殿は共通。平安時代に鎮守社として勧請されたという。現在の桃山様式の建物は江戸初期、将軍家光によって造営された。

▶日枝神社の本殿に施された三猿彫刻。日光東照宮のものより古いとされる

6 朝日稲荷神社《あさひいなりじんじゃ》

拝殿の裏手にあり、「出世稲荷」として信仰を集める。平安時代の創建とされ由緒は古い。隣接して稲荷社が建てられている。合わせて参拝しよう。

7 楠木正勝の墓《くすのきまさかつのはか》

中世に建立されたこの六角宝幢（ほうどう）は、楠木正成の孫・正勝の墓とされる。南朝に与した正勝は当地に逃れ、寺を開いたと伝わる。

COLUMN 全国的にも珍しいマルバクスの木

拝殿に向かって右側に、一本の木が立っている。樹齢150年というマルバクス（丸葉楠）だ。実は大変珍しい木で、国内では福岡県の大宰府と、ここの二本しか確認されていない。

クスの変種で、一般的なクスに比べ、葉が大きくて丸いのが最大の特徴である。新種の樹木として登録されている。

▶明治の初めに開拓使の八木下伸介が北海道で発見し、筑波山神社に寄進したものだ

8 万葉歌碑《まんようのかひ》

万葉集にちなむ筑波山神社だけに、境内には歌碑が並ぶ。さらに拝殿裏には万葉公園が整備され、散策路にそって歌碑が置かれている。ぜひ足を運びたい。

境内ご利益スポット

こちらも巡れば開運成就は間違いない境内に点在する運気アップの名所

9 御神水《ごしんすい》

拝殿の左手にあり、神社奥の十一面観音を安置する神窟に湧き出る水を源としている。名水として評判で、ペットボトルに入れて持ち帰る参拝者も多い。

10 大杉《おおすぎ》

樹齢はおよそ800年。随神門の東に天高くそびえる大杉だ。周囲は約10メートルあり、神威をみなぎらせる。見上げているだけで、心に感動が湧く。

11 大神鈴《おおがみすず》

拝殿に架かる大きな神鈴をよく見ると、割れ目の上部がハートマークになっている。縁結びや恋愛成就の神様だけに、運気が上がった気もしてくる。

▼大石重ねは男体山の自然研究路にある。願いを書いた石が山積みになっている

12 大石重ね《おおいしかさね》

社務所で祈祷ずみの石をいただき、願いごとを書き入れて、男体山の大石重ねに奉納すれば、大願成就するという。神社に納める初穂料は300円。

［筑波山神社］境内マップ

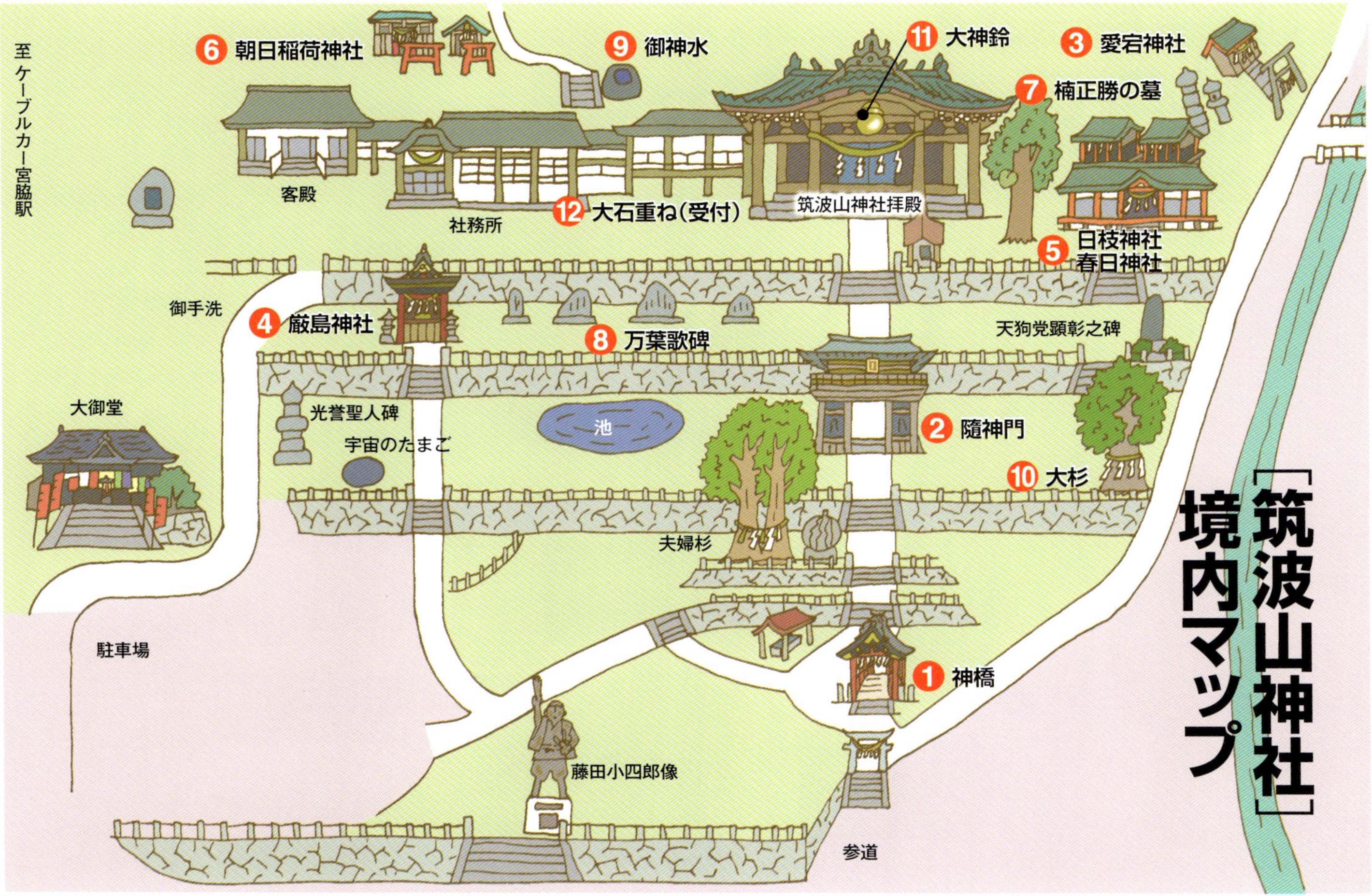

6 朝日稲荷神社
9 御神水
11 大神鈴
3 愛宕神社
7 楠正勝の墓
至ケーブルカー宮脇駅
客殿
社務所
12 大石重ね(受付)
筑波山神社拝殿
5 日枝神社 春日神社
御手洗
4 厳島神社
8 万葉歌碑
天狗党顕彰之碑
大御堂
光誉聖人碑
宇宙のたまご
池
2 随神門
10 大杉
夫婦杉
駐車場
1 神橋
藤田小四郎像
参道

筑波山神社～悠久の歴史を今に伝える～

筑波山神社のお守り

縁結びから子授け、交通安全と幅広いご神徳

国造りをなした伊弉諾尊《いざなぎのみこと》と伊《いざ》弉冉尊《なみのみこと》の夫婦神を奉斎し、縁結びや家内安全、安産、子授けといったご神徳で知られる筑波山神社だが、偉大な神様だけに、方位除や交通安全、合格祈願にも神威を発揚し、そちらの方面のお守りを求める人も多い。

女性に大人気なのが、つくばねの実を用いた開運一般の「つくばね御守」だ。3色用意され、形がかわいいと評判。当社のお守りで運気上昇を祈念しよう。

①

②

③

④

⑤

⑥

⑦

⑧

⑨

⑫

⑪

⑩

①縁結守②男体山御本殿絵馬、女体山御本殿絵馬③交通安全御札④幸せのおまもり⑤錦守⑥開運厄除七色鈴守⑦勝守⑧御砂身守⑨開運つくばね御守⑩筑波山神社御守⑪無病息災御守⑫立身御守

筑波山神社の年中行事

春秋例大祭の御座替祭を中心に多彩な神事が目白押し

▲◀本殿の神衣を替える祭と神衣を神輿に納めて渡御する祭などが行われる。春と秋の二度齋行される

▲筑波山神社の神事ではないが、毎年9月に開かれる。カエルの扮装で走るガマレースや油売り実演ほか大変盛り上がる

▲旧正月14日に実施していた追儺式（ついなしき）を踏襲し、年男らが豆をまく。福がもらえるとあって参拝客が境内を埋めつくす

▲山頂に登ってご来光を拝し、安寧を祈願する。下山後には拝殿で祈祷。夜間、山頂はライトアップされ幻想的だ

▲修験信仰を継承する神事。山中の聖なる岩や社をたどって祈りを捧げる胎内くぐりや岩壁登攀（とうはん）など荒行の連続

筑波山神社の主な年中行事

元旦祭（がんたんさい）	1月1日
元始祭（げんしさい）	1月3日
成人祭（せいじんさい）	1月第2月曜日
年越祭（としこしさい）	2月10日・11日
祈年祭（きねんさい）	2月17日
天長祭（てんちょうさい）	2月23日
春季御座替祭（おざがわりさい）	4月1日
夏越の大祓（おおはらえ）	6月30日
禅定（ぜんじょう）	8月下旬
秋季御座替祭（おざがわりさい）	11月1日
新嘗祭（にいなめさい）	11月23日
大祓（おおはらえ）	12月31日

山岳信仰の行場《ぎょうば》を巡って修験体験ができる禅定

数ある神事のなかで異色なのが、毎年8月下旬に実施される禅定だ。先達に導かれ、白装束姿で修験の行場をたどる。

一般も参加でき、普段いけない行場を巡れるとあって希望者は多い。ただし岩壁登りもあり、生半可な気持ちで申し込むのはよそう。詳しくは筑波山神社（☎029-866-0502）まで。

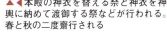

PART 3

筑波山パワースポットガイド

古くからの祈りの霊峰に満ちるエネルギーを全身で受け止めれば心の窓も開いていく

穏やかな山容とは裏腹に、筑波山中には奇岩・霊石が点在している。それらには神仏が宿るとされ、長らく信仰の対象だった。

現代では、奇岩・霊石も「パワースポット」と呼ばれ、ご利益や運気上昇を求めて、訪ねてまわる人が増えている。

筑波山の神々に見守られながら、パワースポットを巡ってみよう。

▼男体山にある親鸞伝説も残る立身石

▲大石重ねに小石を奉納して開運祈願

▲女体山にそびえる大仏岩

▼山の霊力を秘めた筑波山

▲筑波山東峰に祀られる女体山本殿

筑波山パワースポットガイド

弁慶茶屋跡〜女体山

弁慶茶屋跡から白雲橋コースを登る女体山の東方稜線は、パワースポットの奇岩・霊石が、次々と登場する注目のエリアだ。それぞれの伝承も楽しみながら、女体山の山頂を目指そう。

パワースポットはここから始まる

弁慶七戻り《べんけいななもどり》

霊石巡りはここから開始 聖域と俗界を隔てる門

挟まっただけの大岩が落ちてくるのではと、かの武蔵坊弁慶も通過を逡巡。七度もいきつ、もどりつしたという。聖域と俗界を分ける境界で、宗教的には重要なポイントだった。弁慶茶屋跡からすぐの場所にある。

↓地図 P33

高天原《たかまがはら》

巨岩の上部にある別天地 祀られるのは天照大神《あまてらずおおみかみ》

高天原とは日本神話に登場する天上界のこと。ということで、高天原の主祭神、天照大神（稲村神社）が鎮座するというわけだ。高天原は眺望に優れ、さながら別天地。岩尾根をたどるものと、岩の割れ目から登るルートがある。弁慶七戻りから約２分。 ➡地図 P33

石段を登ると小さな祠がある

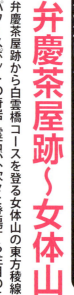

実際に
くぐってみよう!

母《はは》の胎内《たいない》くぐり

山岳信仰の重要な行場跡
修験者は死と再生を経験

高天原からすぐ。巨岩の下部に通り抜けられる通路が開いていて、修験者が胎内くぐりを実践していた。修験信仰では、死と再生は重要なテーマ。胎内に見立てたこの穴をくぐることで、生まれ変わったとする。ぜひトライしてみよう。 ➡地図 P33

陰陽石《いんようせき》

岩が発する霊力を満喫
巨岩が割れ陰石と陽石に

江戸時代の古地図には両部石とあり、前には愛宕社が祀られていた。もとはひとつの岩だったが、ふたつに裂け、寄り添うように立っていることから陰陽石と名付けられた。高さ10メートルを超える巨岩、岩が発する霊力を体感しよう。 ➡地図 P33

国《くに》割《わ》り石《いし》

神々がこの場に集まって
治める地を決めたという

陰陽石から3分ほど登ったところにある。大昔、神様たちがやってきて、この石に線を引いて、治める地を割り振ったという伝承が残る。岩の表面には縦横の割れ目が走り、神様の仕業かと微笑ましくもなる。 ➡地図 P33

裏面大黒《りめんだいこく》

福の神大黒様にちなんだユニークな形状の大岩

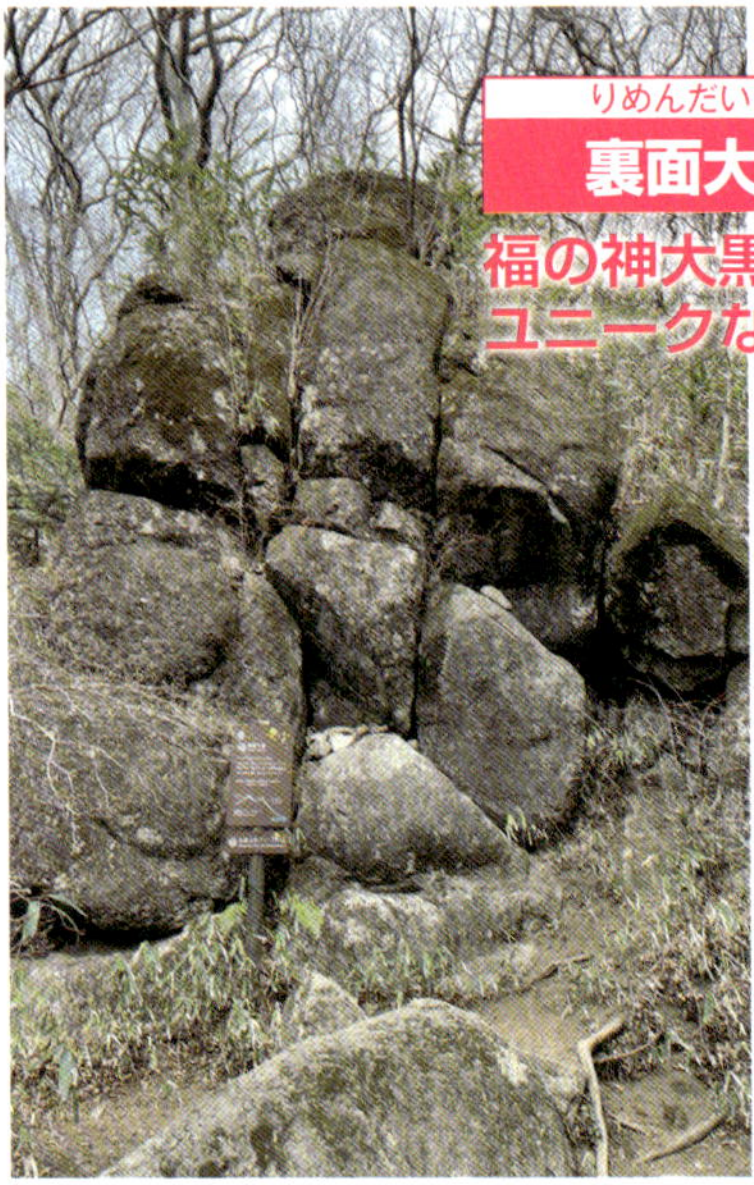

大きな袋を背負った、大黒様の後ろ姿を彷彿させることから名付けられた。大黒様は財福を司る縁起のいい神。誰もが思わず手を合わせたくなるだろう。近くに蛭子命《えびすのみこと》を祀る渡《わたり》神社もあり、こちらも福の神である。↓地図 P33

出船入船《でふねいりふね》

熊野信仰の大事な行場跡割れ目を通し紀州を遥拝

出船と入船が並ぶように見えることから名付けられた。だが、この岩は形が面白いだけでなく、江戸時代までは熊野鳥居石と呼ばれた。修験者が岩の割れ目を通し、はるか紀州の熊野神社を拝する。行場として重要な儀式の場だったのだ。➡地図 P33

北斗岩《ほくといわ》

垂直に屹立する偉容を天上の北斗星に見立てた

裏面大黒のある広場から約5分。垂直に立つ姿は泰然自若で、それを天にあって不動の北斗星（北斗七星）になぞらえた。いかにも運気を上げてくれそうな形状で、中央の岩門をくぐって開運を祈願しよう。隣に祀られるのは小原木《こはらぎ》神社。➡地図 33

屏風岩《びょうぶいわ》

岩壁が連なる聖地には
素戔嗚尊を祀る社が鎮座

垂直の岩壁が屏風のように連なることからこう呼ばれる。壁の下には安座常《あざとこ》神社があり、素戔嗚尊《すさのおのみこと》を祭神にするが、頭上にロープウェイが運航するため、立ち入り禁止になっている。残念だが、遠くから参拝するしかない。

➡地図 P33

大仏岩《だいぶついわ》

山頂の近くにそそり立つ
巨大な姿に勇気をもらう

急な登山道をたどり、間もなく頂上という場所にくると、この岩が目に飛び込んでくる。高さ15メートルで、座す大仏のように見えることから名付けられた。たしかに斜め横から眺めた大仏様。思わず手を合わせたくなる。

➡地図 P33

御幸ヶ原〜男体山

御幸ヶ原や男体山の周辺にも、パワースポットの名所はある。観光客や登山者でにぎわう御幸ヶ原から少しだけ離れ、神が住まう山、筑波山の偉大な霊力をお裾分けしてもらおう。

筑波山で人気の
パワースポット

ガマ石《がまいし》

**ガマの口に石を投げ
金運アップを祈念する**

御幸ヶ原から女体山に向かって約10分。左手にあるのがガマ石だ。後ろ向きの姿勢で上部にある口に向かって小石を投げ、うまく収まれば金運が上昇するという。筑波山でもとりわけ人気の高いパワースポット。 ➡地図 P2

セキレイ石《せきれいいし》

**夫婦和合に霊験がある!?
セキレイ伝承にちなむ岩**

ガマ石のそばにあり、前にはセキレイ茶屋が立つ。『日本書紀』には、伊弉諾尊と伊弉冉尊に、鳥のセキレイが尾を振って夫婦交合のやり方を教えたと書かれ、筑波山でもその伝承がこの岩に残る。夫婦和合、子授けなどを祈願したくなる。 ➡地図 P2

紫峰杉《しほうすぎ》

天にむかって枝を広げ堂々たる姿に神様が宿る

御幸ヶ原からわずか徒歩１分。紫峰杉と命名された巨樹がそびえている。高さは40メートル、樹齢は800年とされ、見惚れるほどの偉容だ。山の神様が木に姿を変え、ここに立っている。誰もが抱く感想だろう。 ➡地図 P2

男女川の源流《みなのがわのげんりゅう》

筑波山の神霊が滴り落ちやがては霞ヶ浦に注ぐ

紫峰杉のそば。和歌にも詠まれた男女川はここに始まり、流れを太くして桜川と合流。その後、霞ヶ浦に向け流れ下っていく。さながら、宿した山の神霊を運んでいくかのようだ。季節によっては涸れていることもある。 ➡地図 P2

石は筑波山神社の社務所で

大石重ね《おおいしかさね》

深い緑の静寂に包まれ筑波山に大願成就を祈願

御幸ヶ原から自然研究路を進むこと約10分。小石が堆積し塚になっている場所が大石重ねだ。かつて登拝する際、石を持参してここに置いた。現在では社務所で初穂料を払い、願いを書いて積む仕組みとなっている。 ➡地図 P3

立身石《りっしんせき》

伝説に満ちた巨岩の霊場
頂上からは眺望も抜群

若き間宮林蔵が、この岩に立身出世を祈ったことから命名された。親鸞聖人が成仏できない亡者を救ったとの伝承から、浄土真宗の聖地にもなっている。まさに霊力に富む巨岩だ。裏から頂上に登れ、素晴らしい眺めに圧倒される。

➡地図 P3

浄土真宗の聖地。
霊力を感じる!?

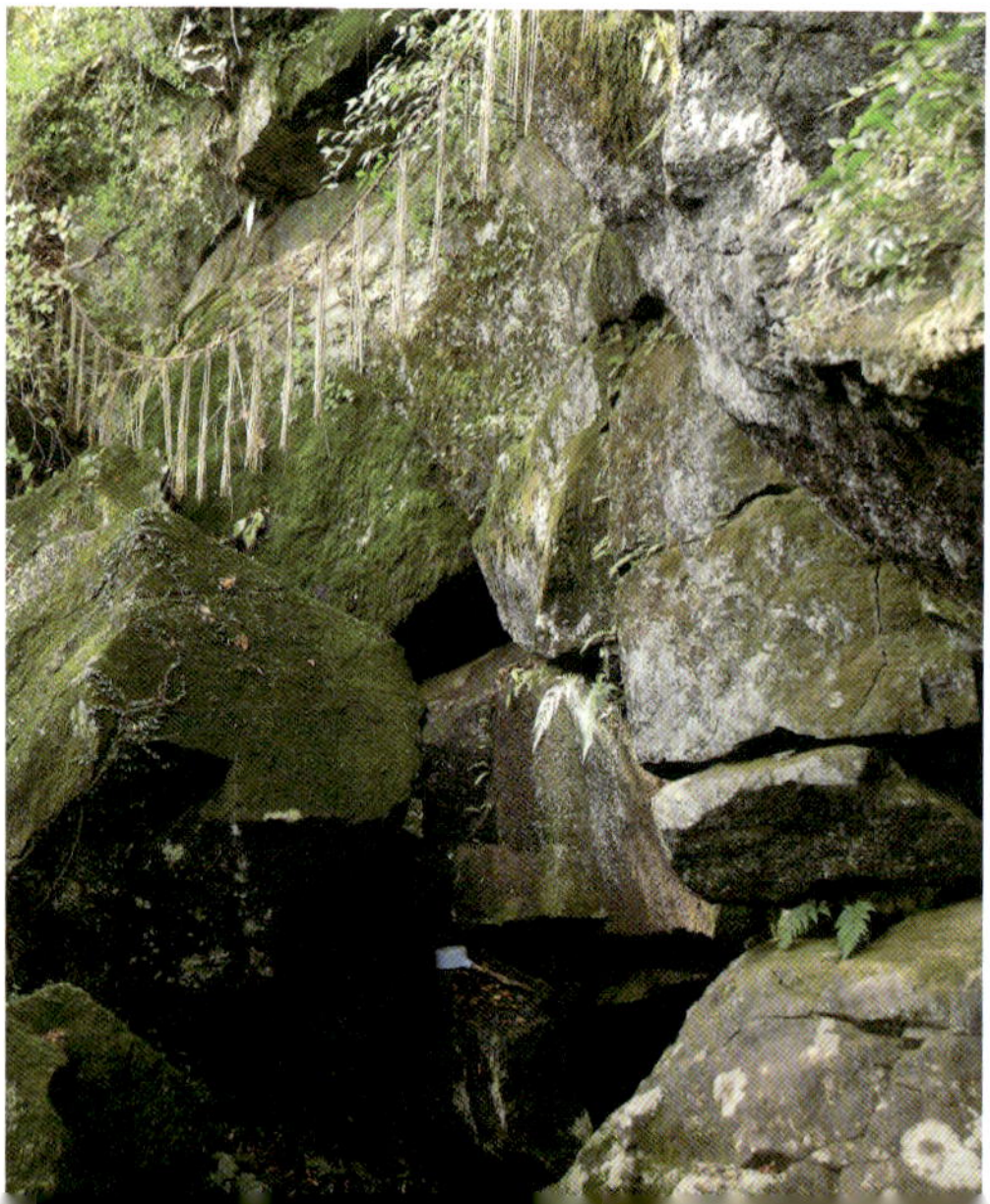

御海《みうみ》

大きな岩壁から滲み出た
万病に効くとされる霊水

筑波山に仏教を導入した徳一が発見し、親鸞聖人も亡者救済に用いたとされる霊水が岩から滴る。万病に効能ありとのことだが、自然研究路から山道を15分ほど下る。いくのは少々厄介だが、その分、霊水を得られた感動は大きい。季節によっては水量が少なくなっている場合も。➡地図 P2

筑波山パワースポットガイド

登山コース内

筑波山は霊験あらたかな名所が山中にひしめく、まさにパワースポットの宝庫といっていい。その他のコースにある、代表的エリアを紹介する。

コース内では、人気のスポット!

白蛇弁天《はくじゃべんてん》

弁天化身の白蛇を見たら財運に恵まれるという

白雲橋コースの酒迎《さかむかえ》場《ば》分岐の上にある。深い森のなかに祠が設けられ、参拝すると気持ちも厳かに。付近には弁天様の化身である白い蛇が住んでいて、目撃すると財運が開くとされている。それ目的で、このコースを歩く人も少なくない。 ➡地図 P2

男女川の水源《みなのがわのすいげん》

筑波の神様からの賜物 清冽な水に心も癒される

御幸ヶ原コースの上部、女体山と男体山から流れ出た水がここに湧き出し、男女川の水源地となっている。古代より水を崇める信仰も続く筑波山。ほとばしる高貴な水を手の平で受け、神様の恩恵にふれよう。 ➡地図 P3

桜塚《さくらづか》

日本武尊の伝説が彩る 山桜が美しい隠れた名所

筑波山神社から20分ほど御幸ヶ原コースを登る。伝承では、日本武尊《やまとたけるのみこと》が美しい山桜を見て、神々が花の姿で示現したと喜び、影向《ようご》桜と名付けたという。周辺は知る人ぞ知る山桜の名所だ。現在は石塔が一本立っている。 ➡地図 P2

PART 4

グルメ&おみやげ全店ガイド

人気のつくばうどん、がませんべい、おみやげなどを山麓、御幸ケ原、筑波山周辺のエリアごとに紹介

筑波山にはユニークな名物がいっぱい！ガマにちなんだおみやげ、つくばうどん、名酒「男女川《みなのがわ》」を目当てに山を訪れる人も数多い。筑波山にあるすべての店をご紹介します。

山麓

ハイキング、観光の行き帰りに立ち寄りたいお食事処&おみやげ店

バス停留所の脇にあり、団体客でにぎわう

DATA

住茨城県つくば市筑波1233-8　☎029-866-0202　営10:00〜最終バスまで（平日）、9:00〜最終バスまで（土日祝祭日）　休不定休
Ⓟ市営第二駐車場を利用

観光案内所の向かいにある店舗

食事・おみやげ処　地図①

筑波山ドライブイン

おみやげ、お酒を扱う充実の品ぞろえ！

つくば市営第二駐車場に隣接し、団体バスの観光客でいつもにぎわっている。一番人気は、筑波地鶏の団子に山菜がたっぷりのった「つくばうどん」1100円。下山後は、「おつまみ付きビール・地酒セット」がおすすめ（850円）。おみやげが充実しているのも特徴。また、喫茶室ではコーヒーなどが飲める。

食事・おみやげ処　地図❷

レストセンター筑波館支店（レストセンターつくばかんしてん）

団体客でにぎわう くつろぎのスペース！

筑波山神社の入り口に位置する筑波館の支店。筑波山を訪れる団体客でおもに賑わい、バス6台、普通車は18台を収容できる大型駐車場を備える。食事処とおみやげ処を併設する。1階食堂の座席数は約60名分。2階の大広間には、200人がくつろげる座敷がある。まねきねこやガマガエルなどお土産もそろっている。

お土産も豊富に充実している

団体専用バスの中継地点

DATA
- 住茨城県つくば市筑波819
- ☎029-866-0815
- 営8:40～17:00（季節により異なる）
- 休不定休　Ⓟバス6台　普通車18台

おみやげ処　地図❸

いでむら

「男女川《みなのがわ》」「筑波」など地酒を扱うおみやげ処！

坂東三十三ヶ所観音の二十五番札所である「大御堂」のおひざ元にあり、多くの巡礼者でにぎわうおみやげ処だ。もともとはタバコ、酒店であったという経緯があり、地酒コーナーではたくさんの日本酒を扱う。人気は「男女川」。純米酒らしいしっかりとした味わいのあとに、花の香りがほのかに感じられる逸品。

豊富に取り揃えられた地酒コーナー

昭和38年におみやげ処を構えた

DATA
- 住茨城県つくば市筑波822
- ☎029-866-0043
- 営8:30～17:00（季節により異なる）
- 休不定休　Ⓟ110台（近隣駐車場を含む）

おみやげ処　地図❹

いしはま

関東平野を一望できる見晴らしのいい食事処！

スカイツリーや富士山など、関東平野を一望できる見晴らしのいいお店。店内はテーブル席のほかに座敷もあり、ゆったりくつろげる憩いの空間。名物「つくばうどん」「とろろそば」や「山菜そば」が人気。どのメニューもお好みでそばとうどんを選ぶことができる。おみやげコーナーには、ガマの油やカエルグッズが充実している。

つくねや山菜がいっぱいの「つくばうどん」（1100円）

スペースシャトルに乗ったガマの看板が目印

DATA
- 住茨城県つくば市筑波721
- ☎029-866-0713
- 営9:00～17:00（土日は8:30～）
- 休不定休　Ⓟ普通車30台、大型車2台

食事・おみやげ処　地図❺

神田家（かんだや）

参道の店の中でもひと際大きな建物

ブランド鶏「筑波茜鶏《あかねどり》」をアレンジして提供！

創業は江戸時代にさかのぼる老舗のお店。筑波名物の高級ブランド「筑波茜鶏」を素材にしたメニューが人気。それぞれ「鶏そば」（1200円）、「から揚げ定食」（1500円）、「親子丼」（1200円）に調理される。店頭で蒸し上げられている「天狗まんじゅう」は自家製薄皮を使用。バラ売りは1個100円から買うことができる。

「筑波茜鶏そば」（写真下）と「天狗まんじゅう」（写真左）

DATA

㊟茨城県つくば市筑波722
☎029-866-0044
㊒9:00～17:00（季節により異なる）
㊡年中無休　Ⓟ20台

食事・おみやげ処　地図❻

レストセンター筑波館本店（レストセンターつくばかんほんてん）

筑波山神社の入口にある

筑波山神社と筑波山を同時に拝む！

店の前は、筑波山神社と筑波山を同時に拝むことができるビュースポット。カメラを持った参拝者でにぎわう。店頭で販売される「しその実きくらげ」（650円）などがおみやげの定番。野菜本来の味や香りが濃縮された一品で、素朴な味が冴えると評判。お茶受けとして食すファンに好まれている。

土産もたくさん取り揃えている。人気の「しその実きくらげ」（右）

DATA

㊟茨城県つくば市筑波723
☎0298-66-0019
㊒9:00～17:00（季節により異なる）
㊡不定休　Ⓟ30台

おみやげ処　地図❼

神橋亭（しんきょうてい）

「神橋」の隣に店を構える

店主手作りの「みよこの七味」が絶品

筑波山神社の「神橋」の隣に位置するのが店名の由来。1894年に創業した老舗店。気さくな店主の渡邉さんが参拝者や登山客、観光客を明るく出迎える。店主手作りの「みよこの七味」（1袋500円）は、筑波山特産の「福来みかん」を使っているのが特徴。一般的な山椒やゆずとはひと味もふた味も違ったやわらかな香りが引き立つ。

「みよこの七味」は、ノーマル、辛い、香るの3種類がある

3代目女将の渡邉美代子さん（左）と4代目店主の渡邉由美さん

DATA

㊟茨城県つくば市筑波722
☎029-866-0143
㊒9:30～17:00　㊡月曜日
www.shichimiyoko.com

軽食・おみやげ処　地図⑧

杉本屋（すぎもとや）

「大杉」の根本のお店

江戸末期から明治初期頃の創業。店の前にある、境内一大きい樹齢約800年の大杉の根本にあるのが店名の由来。杉本屋名物で筑波山の形をした「筑波山焼き」（1個250円）は、常陸小田米「米粉」と小麦粉をブレンドしたもっちり皮。わらびもちドリンク（600円）も人気がある。

筑波山焼きは美味

「大杉」の根本にあるから「杉本屋」

DATA

㊟茨城県つくば市筑波726-2　☎029-866-0451
㊖9:00～17:00
㊡不定休（雨天休業）

軽食・おみやげ処　地図⑨

もみぢや

「緑のかえる」が目印

店頭の「緑のかえる」が目印。先代がもみじの木の下で店をやっていたというのが店名の由来。いちばんの人気は「ブルーベリースムージー（300円）」。地元産のフレッシュなブルーベリーがたっぷり。ソフトクリームも年間12種類。春夏限定のソーダ味が評判。

愛嬌のあるカエルが迎えてくれる

DATA

㊟茨城県つくば市筑波1　☎029-866-0105
㊖10:00～17:00（季節により異なる）
㊡不定休

軽食・おみやげ処　地図⑩

ケーブルカー　みやわき店

くるみ味噌だれの名物「幸福だんご」が人気

ケーブルカー宮脇駅の玄関口にあり、筑波山頂への出発前と下山の際に立ち寄る登山者でにぎわう。テラスで軽食も食べられる。名物「幸福だんご」は400円。濃厚なくるみみそだれをつけてその場で焼かれ、できたてを賞味できる。筑波山の日本百名山を記した「タオル」（1100円）なども登山記念に買い求められる人気グッズ。また、夏はソフトクリームが大人気。生乳、ブルーベリー、チョコレートなど種類も豊富（400円）。

ケーブルカー宮脇駅前に直結。テラス席もあり、開放的な雰囲気を楽しめる。名物の幸福だんごも美味

DATA

㊟茨城県つくば市筑波1　☎029-866-0628
㊖9:30～16:40（季節により異なる）
㊡年中無休（ケーブルカー点検時を除く）

食事処・おみやげ処
見浦亭(みうらてい)

男体山山頂へ登るのに起点となる茶屋

男体山登山の起点となる茶屋

昭和47年創業。ケーブルカー筑波山頂駅よりに2軒ある茶屋のうちの1軒。店名は、霞ヶ浦が一望できる立地に由来。名物「つくばうどん」ほか「牛丼」や「カレーライス」「焼きそば」といった定番メニューも豊富だ。おみやげに喜ばれるのは、筑波山の春を知らせる「かたくりの花」のモチーフをあしらった「記念ピンバッチ」など。

霞ヶ浦を一望しながら飲食できる

DATA
住 茨城県つくば市筑波1
☎ 029-866-1240
営 9:30〜16:00
休 不定休

食事処・おみやげ処
幸雲亭(こううんてい)

筑波山で最も標高の高い位置にある茶屋

ピリッとわさびをきかせていただく「とろろそば」!

男体山登山口にある茶屋として、日光から那須連山まで望むことができる最も高い標高に位置している。人気の「冷やしとろろそば」は辛みのきいたわさびといただくことでそばの風味がより引き立つ味わい。自家製白みそを数時間煮つめて山椒をきかせる「味噌田楽」も絶品。こんにゃくの歯応えに甘辛い味噌の風味がマッチ。

「冷やしとろろそば」
(1000円)

DATA
住 茨城県つくば市筑波115
☎ なし
営 9:30〜16:30(季節により異なる)
休 不定休

食事処・おみやげ処
みゆき

御幸ヶ原の名前を継承する茶屋

御幸ヶ原の名前を継承する由緒ある茶屋、みゆき。あっさり味で具だくさんの「けんちんそば」は1000円。鶏肉に、なめこ、しめじ、まいたけのきのこ類、里芋、人参、油揚げなどが盛り込まれた内容で、ゆずの香りが食欲をそそる一品。体が温まる「もつ煮込み」や、「豚丼」、「つくばうどん」(1200円)も人気だ。

具だくさんの「けんちんそば」

DATA
住 茨城県つくば市筑波1　☎ 029-866-1269
営 10:00〜15:00(平日)、9:00〜16:00(土日)(季節により異なる)　休 不定休

食事処・おみやげ処

めをと茶屋

名物の「つくばうどん」「金がま」も人気

男体山と女体山の夫婦を意味する「めをと」を店名に冠した茶屋。江戸時代は御幸ヶ原に5軒の茶屋しか認められなかったうちのひとつ。名物の「つくばうどん」は、つくば鳥、クロ野菜、バラ肉など具だくさん。また「金がま」は、お財布に忍ばせておくとお金に不自由しないと伝えられる。ガマのご利益を信じるならば購入を。

つくばうどんは、具だくさんでスープも美味

DATA
㊟茨城県つくば市筑波1　☎029-866-1015
㊠9:30〜16:00(季節により異なる)
㊡不定休

食事処・おみやげ処

仲の茶屋(なかのちゃや)

カレーや具だくさんのうどん。軽食も充実!

現在、筑波山御幸ヶ原には4軒の茶屋が並んでいる。そのいちばん右端にあるのが仲の茶屋。メニューが豊富で、「筑波山牛肉カレー」や「やきそば」、「つくばうどん」「辛味ちゃんぽん」「やきとり丼」が人気だ。ビール、ジャンボソーセージなどの軽食類も充実している。また、夏のかき氷もバリエーション豊富で、いつちご、レモン、マンゴー、メロンなどを取りそろえている(各400円)。昔懐かしいラムネもある。

右肩上がりの屋根が個性的

DATA
㊟茨城県つくば市筑波1　☎029-866-1030
㊠不定
㊡不定休

コーヒースタンド

877Stand

登頂の後に飲む至福のコーヒー。オリジナルグッズも販売

看板メニューは、イタリアの歴史あるエスプレッソマシン「ラ・マルゾッコ」で淹れるエスプレッソドリンクに一杯ずつ丁寧に提供してくれる。山で飲むコーヒーは、爽快感、達成感、安息感があり、最高の一杯。また、店頭では、オリジナルデザインのTシャツや手ぬぐい、筑波山グッズなどを販売している。

眺めのいいテーブル席で飲むコーヒーは最高

DATA
㊟茨城県つくば市筑波1　☎080-7206-1923
㊠10:00〜16:00(季節により異なる)
㊡定休日なし(天候状況により臨時休業の場合あり)

食事処・おみやげ処　地図P2

コマ展望台（こまてんぼうだい）

かつては上階が回っていたというコマ展望台

筑波山を一望できる360度の展望！

展望台があり、筑波山を一望できる名所として親しまれている。1階はお土産が豊富な売店になっている。「筑波山登山記念バッジ」もある。2階は360度の視界が広がるレストラン。具だくさんの名物「つくばうどん」、「つくば鶏親子丼」「福来しょうゆラーメン」などが人気。3階は屋上展望台になっている（入場無料）。

名物「つくばうどん」は、1200円と筑波山をモチーフにしたカレー

DATA

住 茨城県つくば市筑波1
☎029-866-1574
営 9:20～17:00（季節により異なる）
休 年中無休

食事処・おみやげ処　地図P2

筑波山頂駅売店（つくばさんちょうえきばいてん）

店外も多くの登山客でにぎわう山頂駅売店

外はカリッ、中はモチッ　名物「幸福だんご」！

ケーブルカー筑波山頂の脇にある売店では、小腹を満たす軽食や、登山記念のおみやげを求めることができる。名物は、くるみみそをつけていただく「幸福だんご」。炭火でじっくり焼き、表面はカリッと、中はモチッとした食感がたまらない。ほか、うまみたっぷりジューシーな「ローズポーク肉まん」、「きのこ汁」など。

炭火でじっくり焼く「幸福だんご」（400円）

DATA

住 茨城県つくば市筑波1
☎029-866-1574
営 平日9:20～16:40（季節により異なる）
休 年中無休

食事処・おみやげ処　地図P2

せきれい茶屋

創業昭和29年。自然に囲まれた孤高の茶屋

一軒だけポツンとたたずむ落ち着ける茶屋

男体山と女体山を結ぶ登山ルートの真ん中に1軒だけひっそりとたたずむ茶屋。店名は、店の前にある奇岩「セキレイ石」に由来。名物のつくばうどんのほか、おでんやところてんなども食べられる。店内は座敷、テーブルを合わせて50席ほど。店の外にもテーブルとイスを並べて、天気のいい日には登山者の休憩所としてにぎわう。

落ち着いた店内は登山者にとって憩いの場

店を切り盛りする小池啓子さん

DATA

住 茨城県つくば市筑波1
☎029-866-1035
営 不定
休 不定休

女体山

ロープウェイ女体山駅に直結する食事&おみやげ処

食事処・おみやげ処 地図P2

Cafe cielo blo(カフェ シエロ ブルー)

絶景を楽しみながら食事をいただける!

ロープウェイ女体山sky deck 2983(ツクバデッキ2983)にあるカフェ。店内から望む霞ヶ浦、関東平野の眺望が絶景で、コーヒーや軽食なども楽しめる。「チキンカレープレート」、「タンドリーチキンドッグプレート」「サーモンとほうれん草のクリームソースパスタ」などが評判のメニューだ。夏になると季節のソフトクリームや「恋の山ソフト」などもある。また、「フローズンサワー」などアルコールもあり。

オリジナルの「恋の山ソフト」

カフェ シエロ ブルーの店内。絶景を眺めながら、食事や軽食ができる

DATA

- ㊟茨城県つくば市筑波1
- ☎029-866-0282
- ㊢9:20～19:00(季節により異なる)
- ㊡年中無休

つつじヶ丘

人気の「つくば美豚ジンジャー焼き定食」(1500円)

食事処・おみやげ処 地図P2

つつじヶ丘レストハウス

周辺では最大の規模、最大の品ぞろえ!

筑波山ロープウェイが開通したのと同時に創業。ロープウェイつつじヶ丘駅と直結し、売店として、周辺では最大の規模、最大の品ぞろえを誇る。広々とした店内では、茨城の名産品やガマの油、地酒まで幅広く取り扱っている。地元の食材を使用した「つくば美豚ジンジャー焼き定食」「つくばうどん」などがおすすめ。また、お土産に最適な「筑波山かりんとう饅頭」や「米粉のバウムクーヘン」などもある。

関東平野を一望できるレストラン。茨城の名産品やガマの油、地酒まで幅広く扱う

DATA

- ㊟茨城県つくば市筑波1
- ☎029-866-0918
- ㊢9:20～16:40(季節により異なる)
- ㊡年中無休 Ⓟ約350台

周辺随一の規模、品ぞろえを誇る。食事もおみやげも充実!
左は人気の「つくば鶏親子丼膳」(1400円)

筑波山 周辺

和菓子　地図P3

沼田屋（ぬまたや）

筑波参道を進み、大鳥居を過ぎたひとつ目の店

饅頭なのにサクッ！不思議食感が人気

筑波山名物のガマをモチーフにした黒糖「四六のまんじゅう」を扱い、朝の開店時には店先から蒸かす白い湯気が立ち上る。一番人気は、饅頭なのにサクサクとした不思議食感の「カリントウ饅頭」。その場で食すのがおすすめだが、おみやげとして持ち帰れる。オーブントースターで焼き直せばサクサク感がよみがえると好評。

1個140円。箱詰め10個入りは1450円

DATA

住 茨城県つくば市沼田1400
☎ 029-866-0036
営 9:00～18:00
休 年末　P 10台

お食事処　地図P94

あおき

そば、寿司、天ぷらが自慢

皇室にも好まれた地元の北条米を使用！

大鳥居より筑波スカイライン沿い徒歩2分に立地。ざるそばに巻き寿司、おいなり、玉子の握りがついた「ざるそばセット」は味もボリュームも大満足。お寿司には、その良質な米の風味、味わいから、昭和初期には皇室への献上米になったことでも知られる地元の北条米を使用。豊富なメニューはお食事処専門店ならでは。

人気の「ざるそばセット」

DATA

住 茨城県つくば市筑波829-1
☎ 029-866-0728
営 11:00～19:00
休 月曜日　P 20台

和食・そば処　地図P3

筑膳（ちくぜん）

民家を改装して作られた風情ある建物

皮ごとすり下ろした自然薯が濃厚！

茨城の地物を使った素材を季節により内容を変えて提供。「自然薯とろろそば」は、茨城が全国に誇るブランド品種である古河の「常陸秋そば」を使用。皮ごとすり下ろした「自然薯」が、畑のキャビアといわれる「とんぶり」とともにあしらわれた一品。薬味としてゆず胡椒を使うなど、筑膳ならではの味を楽しめる。

「自然薯とろろそば」（1650円）

DATA

住 茨城県つくば市沼田1441-1
☎ 029-866-0068　営 11:30～19:00（19:00以降は予約制）
休 月曜日（祝日の場合は翌日）
P 70台

軽食　地図P3、P94

日升庵（にっしょうあん）

石窯ライ麦パンのハンバーガー。ドリンクセットがお得！

「筑波山神社入り口」のバス停から徒歩1分の場所にあるカフェ。いちばん人気は石窯ライ麦パンのハンバーガーは、7種類の中から選べる。いちばん人気は、「日升庵バーガー」で、パティ、ベーコン、トマト、レタス、オニオン、エッグ、チーズ入り（１９８０円）。ふわふわプリン、チュロスなどのスイーツメニューも充実している。

オーナーの野堀真哉さん

ドリンクとセットなら、お好きなドリンクが100円～引きになる

お店のコンセプトは「隠れた観光案内所」

DATA

㊟茨城県つくば市筑波1221-3
☎029-875-8821
㊖平日11:00～18:00　土日祝：10:00～18:00
㊡金曜日

そば　地図P3

そば心 ゐ田（そばごころ いだ）

鴨ステーキの肉を使用そばのフルコース！

日本の道百選「つくば道」の脇にひっそりたたずむ孤高のそば処。粗びき粉を自家製粉。名物の「鴨汁そば」はフランス料理のステーキに使われる鴨を贅沢に使う、そばのフルコースを楽しめる内容だ。「そばだけで食べる」「わさびをつけて食べる」「鴨を焼いた肉汁につけて食べる」「焼きそばにして食べる」というそば尽くし。

店主の佐野良平さん

「鴨汁そば」は2700円。季節の生花が添えられる

店先の看板には「ゐ多゛」と表記

DATA

㊟茨城県つくば市筑波552-3
☎029-850-8082
㊖11:00～（そばが終わり次第終了）
㊡木曜日（第3水曜日）　Ⓟ15台

食事処　地図P2

ひたち野（ひたちの）

ほどよい霜降りでうまみが凝縮された「常陸牛」！

「常陸牛」が食べられる本格的な牛料理専門店。ほどよい霜降りと、やわらかく味わい深いうまみが魅力。この最高級肉のうまみを最大限に引き出すために、塩、コショウ、控えめの特製だれで味つけされて提供される。合掌造りの建物も圧巻。奥飛騨白川郷の築２００年におよぶ古民家3軒を、筑波山風返し峠に移築し使用している。

「常陸牛」は黒毛和牛の最高級ブランド

合掌造りの風情ある外観

DATA

㊟茨城県つくば市臼井2103-5 筑波山風返峠
☎029-866-1221　㊖10:30～20:30（17:00以降は要予約、19:30ラストオーダー）
㊡火曜日、大晦日、偶数月の月曜日（季節休業あり）　Ⓟ約50台

筑波山みやげ

登山・観光にはかかせない「おみやげ」人気の高いおみやげ品をセレクト

四六のまんじゅう

筑波山参道入り口近くにある「筑波銘菓沼田屋」の饅頭。薄皮で、黒糖風味の生地にしっとりとした餡が詰まっている。

●1個90円、10個入り1箱900円

つくば山　がま大将

ガマの形をかたどった饅頭。中は白餡。小分けされて12個入っているので、おみやげとして配ったりするのにも便利。

●12個入り1箱900円

筑波山ロープウェイモナカ

筑波山のロープウェイをモチーフにした箱型のパッケージがユニーク。つつじヶ丘レストハウスの限定品

●1480円（つつじヶ丘レストハウスの限定品）

筑波山銘菓　ゆず羊羹

寒天に餡を入れ、ゆずをおろして煮詰めて作られる羊羹。餡の上品な甘味と、さっぱりとしたゆずの風味が調和して美味。

●550円

恋の山　筑波山

ぶどう味のグミ。つくばにゃんのッキャラクターが入っていてかわいい。

●450円

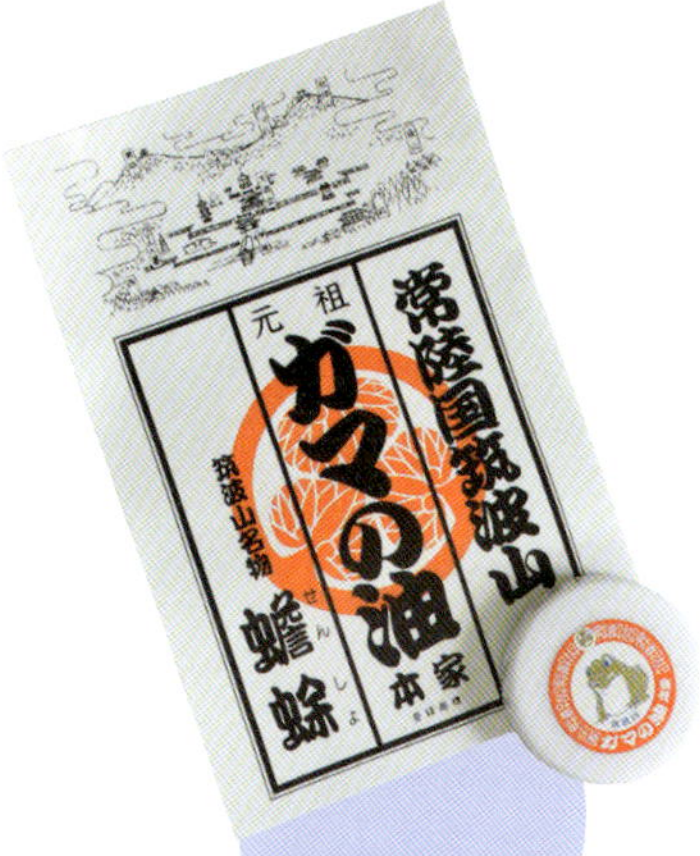

常陸国筑波山　ガマの油本家

もともとは江戸時代に傷薬として用いられていた軟膏。筑波山名物の代名詞であり、お土産物として選ぶならこれがまさに定番！

●450円～

しその実きくらげ

きくらげのコリコリとした歯ごたえに、しその爽やかな風味をブレンド。やみつきになる食感で、ご飯がおいしく進む。

●650円

筑波銘菓　がませんべい

ガマの形をしたしょうゆ味のせんべい。小分けされた箱入りタイプから、約25センチ四方のビッグサイズまで種類もさまざま。

●24枚入り1箱1300円

つくば銘菓　がまっ子

つくば銘菓の饅頭。ひとつひとつが丸っとしたガマの形をしていて愛嬌がある見た目。餡は黄身餡で、しっとりしている。

●20個入り1箱1400円

筑波山麓　福来味唐辛子

七味唐辛子は、江戸時代から作られている筑波の特産品。味の決め手は福来みかん。爽やかな独特の風味が特徴だ。

●500円～

オリジナルキャップ&Tシャツ

オリジナルキャップ、オリジナルTシャツは多種ある。

●キャップ1000円、Tシャツ2000円～
（つつじヶ丘レストハウス、ほか）

※販売店により、商品価格が異なる場合があります。

筑波山ホテルガイド

ハイキング、観光の後に温泉宿でのんびりしたい

関東平野を一望できるホテル最上階のインフィニティ露天風呂

亀の井ホテル《かめいほてる》　筑波山《つくばさん》

関東平野を一望できる絶景ラウンジ豊富なルームバリエーションで

展望風呂付きの特別室から、ワンちゃんと一緒に泊れる部屋、自転車と泊まれる部屋、3世代旅行におすすめ部屋まで、ルームバリエーションが豊富。料理はビュッフェ形式。常陸牛の焼きしゃぶ、県産キノコを使ったきのこ鍋、県産食材でアレンジする山海丼など豊富なメニューが並ぶ。ゲームコーナーもあり。

地元の食材をふんだん使った人気のビュッフェ

神社をイメージした玄関がトレードマーク

DATA

アクセス●常磐自動車道・土浦北ICから国道125号を経由して約30分。つくばエクスプレス「つくば駅」より直行筑波山シャトルバスで約40分、「筑波山神社入口バス停」より徒歩約2分

㊟茨城県つくば市筑波1050-1　☎029-866-1111
㊪IN 15:00 OUT 10:00　㊫1泊2食付き1万3000円～、日帰り入浴1100円（土日祝日）　㊡不定休
Ⓟ大型10台／乗用車100台　➡地図 P94

筑波山ホテル《つくばさんほてる》 青木屋《あおきや》

温泉と景観を楽しむ宿として人気！

館内ロビーからは、関東平野の絶景を拝むことができる。なかなか目にする機会がない地平線が丸いと感じられる。空気の澄んだ日には、富士山や南アルプスまでを望む大パノラマが展開。露天風呂を備えた部屋からの眺望も美景、温泉と景観を楽しむ宿として親しまれている。地元の食材をふんだんに使った懐石料理にも定評がある。

宝石をちりばめたような夜景が望める

茨城ブランドローズポークや地元食材を使用

DATA

アクセス●常磐自動車道・土浦北ICから国道125号を経由して約30分。つくばエクスプレス「つくば駅」より直行筑波山シャトルバスで約40分、「筑波山神社入口バス停」より徒歩約3分。

㊟茨城県つくば市筑波753-1　☎029-866-0311
㊖IN 15:00 OUT 10:00
㊕1泊2食付き1万7600円～、日帰り入浴1200円
㊡不定休　Ⓟ70台　➡地図 P94

筑波山京成ホテル《つくばさんけいせいほてる》

バリアフリーで年配者も安心 注目の「眺望ホテル」！

日本国内でダイナミックな自然のドラマを満喫できる「眺望ホテル」として注目を集めている。部屋のタイプは和室・洋室・和洋室の3タイプを揃え、全室バス・トイレ付。東京スカイツリーや関東平野の景観を眺めながらゆったりと食事ができる。地場食材を使用した四季の創作料理が楽しめる。

旬の「地場食材」「旨いもの」にこだわる自慢の料理

バリアフリー化が進められ年配客の足腰にも優しい

DATA

アクセス●常磐自動車道・土浦北ICから国道125号を経由して約40分。つくばエクスプレス「つくば駅」より直行筑波山シャトルバスで約50分、「つつじヶ丘バス停」より徒歩約3分。

㊟茨城県つくば市筑波1　☎029-866-0831
㊖IN 15:00 OUT 10:00　㊕1泊2食付き1万4850円～　日帰り入浴1100円～(毎週木曜日は休止)
㊡不定休　Ⓟ80台　➡地図 P2

筑波山《つくばさん》 江戸屋《えどや》

名士が利用した伝統と格式

創業３９０年あまりの伝統と格式のある温泉宿。時代ごとに筑波山を来遊した各界の名士がこぞって利用し、その折に残された数々の書跡も館内に保存されている。手つかずの植生を取り込んだ庭園や、旅情豊かな四季折々の料理を堪能できることで有名。敷地内には筑波七霊場のひとつ「杉の水」が湧き出している。

沢のせせらぎを楽しみながらの足湯

DATA

アクセス●常磐道土浦北ICから国道125号を経由して約30分。つくばエクスプレス「つくば駅」より直行筑波山シャトルバスで約40分、「筑波山神社入口バス停」より徒歩約8分。

㊟茨城県つくば市筑波728 ☎029-866-0321
㊔IN 15:00 OUT 10:00 ㊑1泊2食付き1万7600円～ 日帰り入浴1540円
㊡不定休 Ⓟ25台 ➡地図 P94

筑波温泉ホテル《つくばおんせんほてる》

筑波山初の温泉宿

筑波山の中腹にある、山の大自然に囲まれた静かな宿。森林浴が楽しめる自家源泉の露天風呂は、弱アルカリ性の泉質で、肌に良いと評判。料理はこだわりの食材を活かした、和洋折衷の創作料理を心ゆくまで堪能できる。また、日帰り入浴もできるので、登山の後に疲れを癒しに訪れる登山客も多い。

喧騒から逃れた静かな宿

DATA

アクセス●常磐自動車道・土浦北ICから国道125号を経由して約30分。つくばエクスプレス「つくば駅」より直行筑波山シャトルバスで約40分、「筑波山神社入口バス停」より送迎車約5分（ホテルに電話）。

㊟茨城県つくば市筑波395 ☎029-866-0521
㊔IN 15:00 OUT 10:00 ㊑1泊2食付き1万4800円～ 日帰り入浴1100円
㊡月・火・水 Ⓟ50台 ➡地図 P2

ホテル《ほてる》 一望《いちぼう》

筑波山唯一の貸切露天風呂

筑波山で唯一の貸切露天風呂（内湯付き）を完備。「つくばの湯」を併設し、日帰り入浴もできる。眺望に恵まれ、遠くは富士山、夜景は東京タワー、スカイツリーなどを望む。施設は１００名収容のコンパクトサイズで、静かに過ごしたい人に打ってつけ。旬の食材を使った創作和食会席と心を込めたもてなしが自慢の宿。

つくばの湯名物「家族風呂」もおすすめ

DATA

アクセス●常磐自動車道・土浦北ICから国道125号を経由して約30分。つくばエクスプレス「つくば駅」より直行筑波山シャトルバス約40分、「筑波山神社入口バス停」より徒歩約15分。

㊟茨城県つくば市筑波64-2 ☎029-866-2222
㊔IN 15:00 OUT 10:00 ㊑1泊2食付き1万1000円～ 日帰り入浴1100円（平日）、1300円（土日祝日）㊡不定休 Ⓟ60台
➡地図 P2

観光・施設ガイド

筑波山周辺の観光地
施設、キャンプ場などを紹介します。

筑波高原キャンプ場《つくばこうげんきゃんぷじょう》

地平線を望む大パノラマ

日本百名山・筑波山の中腹、標高500mの位置にある自然豊かなキャンプ場。周辺は原生林の宝庫で、130種の野鳥が生息。春にはカタクリやニリンソウが咲き、近くを流れる沢ではサワガニやサンショウウオの姿を見ることができる。気候のよいゴールデンウィークや夏休みが最盛期。キャンプやバーベキューを楽しむ人でにぎわう。

筑波連山をはじめ雄大な展望を楽しめる

DATA

アクセス●北関東自動車道桜川筑西ICより約30分。JR水戸線「岩瀬駅」よりタクシーで約30分。

住茨城県桜川市真壁町羽鳥土俵場国有林 ☎0296-54-0403（キャンプ場）、☎0296-55-1159（商工観光課直通）予約方法：ネット予約（筑波高原キャンプ場HP　営業期間：5月～9月（7月15日～8月31日は無休）※金・土・日曜および祝日のみ　Ⓟ70台 ➡地図 P2

つくばねオートキャンプ場《つくばねおーときゃんぷじょう》

自然の中で心も体もリラックス

木立に囲まれたケビンはまるでプライベート別荘。森林に抱かれるように時間の流れを楽しみ、鳥の声で目を覚ます、そんな贅沢を気軽に楽しむことができる。炊事棟は2棟。32畳分の広々とした調理場でワイワイ作る料理の味は格別だ。林間広場では芝滑りやアスレチック、バードウォッチング、昆虫採集などが楽しめる。

自然たっぷりのキャンプ場。料理教室なども開催

DATA

アクセス●常磐自動車道・土浦北ICよりフラワーパークを経由して約30分。JR常磐線「石岡駅」よりバス利用（細内停留所まで約40分、そこから徒歩で約5km）

住茨城県石岡市小幡2132-14　☎0299-42-2922　営IN14：00　OUT10：00、日帰り10：00～16：30　休水曜日（12月～3月）　Ⓟ大型バス2台、普通車32台 ➡地図 P2

フォレストアドベンチャー・つくば《ふぉれすとあどべんちゃー・つくば》

迫力満点のジップスライド 筑波山レジャーの拠点！

アドベンチャーコース、エキサイトコースなど全11サイト、73のアクティビティからなる。なかでも、約1000本もの梅が広がる筑波山梅林の上を滑空するジップスライドは迫力満点。周辺は筑波山神社や筑波山温泉、宿泊施設などの観光施設も充実しており、さまざまな需要に対応できるレジャーの拠点となっている。

身長110cmからチャレンジ可能な「キャノピーコース」は小さい子ども安全に楽しめる

DATA

アクセス●常磐自動車道・土浦北ICより国道125号を経由して約30分。つくばエクスプレス「つくば駅」より直行筑波山シャトルバスで約30分、「筑波山神社入口バス停」より徒歩約5分。

㊟茨城県つくば市沼田1688　筑波山梅林隣接
☎090-4755-7800　㊔通常9:00～17:00、夏時間9:00～18:00(7・8月)、冬時間9:00～16:00(11月～2月)、最終受付は各閉園時間2時間前。要事前予約　㊡不定休　Ⓟ市営駐車場を利用　➡地図 P3

筑波ふれあいの里《つくばふれあいのさと》

筑波山麓の 豊かな自然環境を体験

水郷筑波国定公園区域内にあるため自然が残されており、沢水が豊富で景観にも優れる。大小の研修室を備えた宿泊施設をはじめ、関東平野が見渡せるバーベキュー場や、林の中に溶け込んだコテージ、キャンプ場も併設。また、そば打ちや染色の体験もできる。四季を通して楽しめる自然活用型施設となっている。

山小屋風コテージでは野鳥のさえずりで目を覚ます

DATA

アクセス●常磐自動車道・土浦北ICより約40分。つくばエクスプレス「つくば駅」より直行筑波山シャトルバスで約30分、「筑波山神社入口バス停」より徒歩約30分。

㊟茨城県つくば市臼井2090-20
☎029-866-1519　㊔8:30～17:00
㊡火曜日、年末年始(火曜日が祝日の場合はその翌日が休館)　Ⓟ50台　➡地図 P2

平沢官衙遺跡《ひらさわかんがいせき》

奈良・平安時代の遺跡 夏には万灯まつりなども開催

奈良・平安時代の常陸国筑波郡の郡役所跡と想定される遺跡。昭和55年12月に国の史跡に指定された。発掘調査で見つかった約60棟の建物跡のうち、高床倉庫3棟が復元されている。夏の万灯まつりと復元建物ライトアップ、秋のミニコンサート、春の芝焼きなどのイベントも開催されている。

歴史公園として復元整備された平沢官衙遺跡

DATA

アクセス●常磐自動車道・土浦北ICから約30分。つくばエクスプレス「つくば駅」からつくバス小田シャトルで、「大池・平沢官衙入口バス停」下車、徒歩約5分。

㊟茨城県つくば市平沢353
☎029-867-5841　㊤9:00～16:30
㊡月曜日、祝日の翌日、12月28日～翌1月4日、臨時休あり Ⓟ35台 ➡地図 P52

つくば道《つくばみち》

徳川家光が整備した今も残るいにしえの道

日本の道１００選に指定されている、つくば市北条から筑波山神社までつながる道。3代将軍徳川家光が知足院中禅寺（大御堂）の再建のため、資材運搬用の道として整備、その後参道として使われた。歴史を感じさせる町並み、のどかに広がる田園風景が特徴。出発地点にあたる北条商店街には、国登録有形文化財の店蔵《みせぐら》が残っている。

高さ3mを超える「つくば道道標」

史跡が残されており、いにしえの余韻に浸れる

DATA

アクセス●常磐自動車道・土浦北ICから国道125号を経由して約20分。つくばエクスプレス「つくば駅」からつくバス北部シャトルで約30分、「筑波交流センターバス停」より徒歩約10分。

㊟茨城県つくば市北条39（北条ふれあい館）
☎080-6788-0693
Ⓟつくば市北条「市民ホールつくばね」または「商店街駐車場」 ➡地図 P3

PART 5

筑波山の自然図鑑

山を彩る植物、森に暮らす生きものたち、筑波山の豊かな自然を観察しよう！

春にはナノハナやレンゲソウのお花畑の向こうに美しい筑波山の姿。
山に登ると、カタクリやニリンソウの群落がお出迎え。
夏にはニッコウキスゲやコオニユリが花を咲かせ、オオムラサキが舞う。
紅葉のライトアップが美しい秋も見逃せない。
四季折々に、美しい草花、昆虫、鳥たちが待っていてくれる。

▲夏の花イワタバコ

▼コオニユリ(右)とニッコウキスゲ

▲カラスアゲハ

▼筑波山といえば、やっぱりカタクリ

▲宮脇駅周辺の紅葉ライトアップ

植物図鑑❶

春の花

春の訪れを告げる梅が終わって、サクラが咲き、ヤマツツジが咲く。足元には可憐な山野草が咲いている。

コブシ

モクレン科

樹高は5～10mを超える落葉高木。葉の出る前に、直径6～10cmの白い花をつける。筑波山より宝篋山に多く、極楽寺コースの太郎コブシが有名。

1 2 **3** **4** 5 6 7 8 9 10 11 12

ナズナ

アブラナ科

春の七草。草丈10～50cmで、別名ペンペン草。実の形が三味線のばちに似ていることに由来するが、荒れた土地にも生えるほど生命力がある。

1 2 **3** **4** **5** **6** 7 8 9 10 11 12

チゴユリ

ユリ科

草丈15～30cmの多年草。小さな白い花が下向きにつく。細い茎の先端に1～3輪の花が咲く。小さくて可愛らしいことから稚児百合という。

1 2 3 **4** **5** **6** 7 8 9 10 11 12

センボンヤリ

キク科

花が咲くときの草丈は10cmほど。秋には花茎とは別の長い茎を伸ばして毛の生えた実をつける。これが大名行列の千本槍に似ていることからの名。

1 2 3 **4** **5** 6 7 8 9 10 11 12

ニリンソウ

キンポウゲ科

草丈30cm近くになる多年草。2cmほどの白い花をつける。名前のように2輪が多いが、1輪や3輪のものある。自然研究路などで群生が見られる。

1 2 3 **4** 5 6 7 8 9 10 11 12

フモトスミレ

スミレ科

草丈5cm、花径1cm、葉も長さも1～3cmと小さなスミレ。花色は白で唇弁に紫色の筋が入る。自然研究路やおたつ石コースでよく見かける。

1 2 3 **4** **5** 6 7 8 9 10 11 12

ツボスミレ

スミレ科

草丈5～20cmの多年草。白い花は1cmほどと小さく下弁に紫色の濃い筋がある。山野の湿ったところに生える。別名ニョイスミレともいう。

1 2 **3** **4** **5** 6 7 8 9 10 11 12

ハルトラノオ

タデ科

草丈5～15cmの多年草。花穂は2～4cmで、虎の尾のような白いつぶつぶの花が咲く。筑波山では、白雲橋コースなどの標高が高いところで見かける。

1 2 3 **4** 5 6 7 8 9 10 11 12

ムベ

アケビ科

常緑のつる性木本。アケビの仲間だが花は花弁がなく萼片の外側は白で、内側は紅紫色を帯びる。秋にアケビに似た実をつけるが破裂はしない。

1 2 3 **4** 5 6 7 8 9 10 11 12

アズマイチゲ

キンポウゲ科

草丈15cmほどの多年草。早春、3~4cmの白い花をつける。キクザキイチゲに似ているが、葉が3出複葉で3枚が輪生し、先が丸みを帯び垂れ下がる。

1 2 3 **4** 5 6 7 8 9 10 11 12

ヒナワチガイソウ

ナデシコ科

草丈10~15cmの多年草。ワチガイソウの変種で分布は限られているが、筑波山ではよく見られる。葉や花弁が細く、1cmほどの小さな花をつける。

1 2 3 **4** **5** 6 7 8 9 10 11 12

ニガイチゴ

バラ科

樹高1~2mの落葉低木。2.5cmほどの白色の5弁花をつける。キイチゴの形の赤い果実は甘くて食べられるが、小格に苦みがあり、苦苺の名前がついた。

1 2 3 **4** **5** 6 7 8 9 10 11 12

ジュウニヒトエ

シソ科

草丈は20cmほどで、白か淡い薄紫色の花が穂状につく。花が幾段にも重なって咲く様子から、十二単をまとった姿に見立てた名前がついている。

1 2 3 **4** **5** 6 7 8 9 10 11 12

シャガ

アヤメ科

草丈30~70cmの常緑の多年草。5~6cmの白っぽいアヤメに似た花は、近くで見ると紫色とオレンジ色の模様が美しい。花は1日しかもたない。

1 2 3 **4** **5** 6 7 8 9 10 11 12

ガマズミ

スイカズラ科

樹高3~5mの落葉低木。5mmほどの白色の花が散房花序に密集して咲く。葉は卵形で対生。秋には丸くて鮮やかな赤い実をたくさんつける。

1 2 3 4 **5** 6 7 8 9 10 11 12

ヒトリシズカ

センリョウ科

草丈10~20cmの多年草。葉が開ききる前に白いブラシのような花をつける。白く見える部分は雄しべで花弁はない。一人静と書くが群生する。

1 2 3 **4** **5** 6 7 8 9 10 11 12

ウワミズザクラ

バラ科

樹高10~20cmの落葉高木。枝先にブラシのような円柱状の総状花序を出し、白い小さな花をたくさんつける。樹皮は暗紫褐色で、横に皮目が出る。

1 2 3 **4** **5** 6 7 8 9 10 11 12

植物図鑑❷

春の花

エンレイソウ

ユリ科

落葉樹林のやや湿り気のある林内に生える多年草。草丈は30cmほど。3枚の卵形の葉が輪生し、その真ん中に緑色から茶褐色の花をひとつ咲かせる。

1 2 3 **4** **5** 6 7 8 9 10 11 12

カンスゲ

カヤツリグサ科

草丈20～40cmの常緑の多年草。沢筋など水辺の近くでよく見られる。細い花径が密生し、茶色の雄花穂1個と黄緑色の雌小穂5個ほどをつける。

1 2 **3** **4** 5 6 7 8 9 10 11 12

キブシ

キブシ科

樹高3～4mの落葉低木。花は長さ約8mmの黄色い釣鐘型。長さ3～10cmの総状花序が葉の出る前に垂れ下がる。林道や登山道でよく見かける。

1 2 **3** **4** 5 6 7 8 9 10 11 12

ミドリニリンソウ

キンポウゲ科

草丈15～25cmの多年草。ニリンソウの白い花びらに見える萼片が緑色をしたもので、ニリンソウの変異体。ニリンソウの群生に混じることがある。

1 2 3 **4** 5 6 7 8 9 10 11 12

シュンラン

ラン科

草丈10～25cmの常緑の多年草。春真っ先に咲く蘭なので春欄。花と葉は同じような黄緑色であまり目立たない。花姿から別名ジジババという。

1 2 3 **4** 5 6 7 8 9 10 11 12

クサノオウ

ケシ科

草丈30cmほどの多年草。低地の日当たりのよい草地や荒れ地に生える。花は2～3cmの黄色の4弁花。茎葉を折ると濃黄色の乳液が出るのが特徴。

1 2 3 **4** **5** 6 7 8 9 10 11 12

ヤマブキ

バラ科

樹高1～2mの落葉低木。2～3cmの鮮やかな黄色の花を多数つける。日当たりのよい林縁によく見られる。葉は卵型で、縁にギザギザがある。

1 2 3 **4** **5** 6 7 8 9 10 11 12

ネコノメソウ

ユキノシタ科

草丈15cmほどの多年草。茎先に淡い黄色の小さな花が集まってつく。花弁はなく苞が黄緑色。2つに裂けた実が猫の目に似ているのが名前の由来。

1 2 3 **4** 5 6 7 8 9 10 11 12

キクザキイチゲ

キンポウゲ科

葉が丸みを帯びず、ギザギザしているのでアズマイチゲと区別できる。青く花びらのように見えるのは萼片。自然研究路で群生が見られる。

1 2 3 **4** 5 6 7 8 9 10 11 12

ナガバノスミレサイシン

スミレ科

草丈5～12cm。花は2cm前後で淡い青紫か白。和名では長葉の菫細辛。名前のように5～8cmの長い葉を持つ。キャンプ場付近などでよく見かける。

1 2 3 **4** 5 6 7 8 9 10 11 12

タチツボスミレ

スミレ科

花期の草丈は5～15cm。花は1～2cmの淡い紫色。葉は2cmほどのハート形で低い鋸歯がある。低地や山地に生える最もポピュラーなスミレ。

1 2 **3** **4** **5** 6 7 8 9 10 11 12

カキドオシ

シソ科

草丈5～25cmの多年草。花は2cmほどの唇形で淡い青紫色。葉は2～3cmの腎円形。咲き始めの茎は直立しているが、開花後はつる状に這う。

1 2 **3** **4** **5** 6 7 8 9 10 11 12

ヒイラギソウ

シソ科

草丈20～50cmの多年草。花は2～3cmの唇形で濃い青紫色。葉の縁にヒイラギの葉に似た粗い鋸歯がある。御幸ヶ原のカタクリ自生地で見られる。

1 2 3 4 **5** 6 7 8 9 10 11 12

オカタツナミ

シソ科

草丈20～50cmの多年草。茎の先に短い花穂を出し、2cmほどの唇形の淡い青紫色の花がかたまって咲く。茎には下向きの毛が密生する。

1 2 3 4 **5** **6** 7 8 9 10 11 12

ヤマツツジ

ツツジ科

樹高1～4mの半落葉低木。4cmほどの鮮やかな朱色の漏斗形の花をつける。葉の両面に褐色の粗い毛がある。登山道や林道で普通に見られる。

1 2 3 **4** **5** 6 7 8 9 10 11 12

エイザンスミレ

スミレ科

花は2～3cmでスミレの中では大きい。葉が深く切れ込みギザギザに見えるのでわかりやすい。花は淡い赤紫だが、白色に近いものも見られる。

1 2 3 **4** 5 6 7 8 9 10 11 12

カタクリ

ユリ科

スプリング・エフェメラルの代表として人気。草丈20cmほどの多年草。御幸ヶ原の群落が有名でシーズンには「カタクリの花まつり」も開かれる。

1 2 3 **4** 5 6 7 8 9 10 11 12

植物図鑑③ 夏の花

小鳥のさえずりとともに夏の訪れ。大輪のヤマユリ、小ぶりなコオニユリ、色鮮やかな花たちが、山中で咲き競う。

エゴノキ

エゴノキ科

樹高7〜8mの落葉小高木。2.5cmほどの白い花を下向きにたくさん咲かせる。実が有毒で食べるとエグイ味がすることから名前がついている。

1	2	3	4	**5**	**6**	7	8	9	10	11	12

イボタノキ

モクセイ科

樹高2〜4mの落葉低木。花は先は4裂し、筒状の漏斗形をした白く小さな花をたくさんつける。山野の林縁に見られ、筑波山でも林道でよく見られる。

1	2	3	4	5	**6**	7	8	9	10	11	12

トリアシショウマ

ユキノシタ科

林内に生える草丈1mほどになる多年草。円錐状で白い小さな花をたくさんつける。葉は広卵形で先が尾のようにとがり不揃いの重鋸歯がある。

1	2	3	4	5	**6**	**7**	8	9	10	11	12

コアジサイ

ユキノシタ科

樹高1〜1.5mの落葉低木。5mmほどの小さな淡い青紫色の花を、散房花序に多数つける。他のアジサイ属のような装飾花がないのが特徴。

1	2	3	4	5	**6**	7	8	9	10	11	12

テイカカズラ

キョウチクトウ科

常緑のつる性植物。白い花は2cmほどで先が5裂し巴状にねじれた独特の形。薬王院、白雲橋コース、宝篋山山麓などでよく見られる。

1	2	3	4	5	**6**	7	8	9	10	11	12

ドクダミ

ドクダミ科

草丈15〜40cmの多年草。十字型の白い花弁に見えるのは総苞。真ん中に黄色い小さな花が集まっている。特有の臭いがあり薬効がある。

1	2	3	4	**5**	**6**	**7**	8	9	10	11	12

ヤマボウシ

ミズキ科

樹高10m前後の落葉高木。白い花弁に見える総苞の中心部に黄緑色の花が球状に咲く。法師が白頭巾を被っている姿に見立て、山法師という。

1	2	3	4	5	**6**	7	8	9	10	11	12

ユキノシタ

ユキノシタ科

草丈20〜50cmの多年草で半日陰の湿地や岩場に生える。花弁の上3枚は小さく濃いきれいな紅色の斑点があり、下2枚は白く大きく垂れ下がる。

1	2	3	4	5	**6**	7	8	9	10	11	12

ヤマユリ

ユリ科

草丈1～1.5mの多年草。花径は15～20cmと大きく、白い6枚の花弁の中央に黄色い筋が走り、周辺に赤い斑点が散って鮮やか。

1 2 3 4 5 6 **7** **8** 9 10 11 12

クサアジサイ

ユキノシタ科

草丈20～70cmの多年草。5～7mmの白か淡い紅紫色の花を多数つけ、周りに装飾花を持つ。木ではなくアジサイに似た花をつける草本からの名。

1 2 3 4 5 6 **7** 8 9 10 11 12

ノリウツギ

ユキノシタ科

樹高2～4mの落葉低木。小さな花が円錐状にたくさんつき、周りを4枚の花びらに見える装飾花が囲む。葉先は尖り縁にギザギザがある。

1 2 3 4 5 6 **7** **8** 9 10 11 12

ハンゲショウ

ドクダミ科

水辺に群生する草丈60～100cmの多年草。10～15cmの花穂に花弁のない小さな花を多数つける。花どきに葉の下半分が白くなる。

1 2 3 4 5 **6** **7** 8 9 10 11 12

ゲンノショウコ

フウロソウ科

草丈30cm前後の多年草で、平地から亜高地までよく見られる。花は紅紫色から白色で、筑波山では白色が多い。昔から下痢止めとして重宝された。

1 2 3 4 5 6 7 **8** **9** 10 11 12

センニンソウ

キンポウゲ科

木本のつる性植物。花は2～3cmの白色。白い4枚の花弁に見えるのは萼片。葉は奇数羽状複葉。日当たりのよい低木林や林縁によく見かける。

1 2 3 4 5 6 7 **8** **9** 10 11 12

キンレイカ

オミナエシ科

草丈30～60cmの多年草で山地の岩場に生える。花は黄色で6mmと小さく3mmの距がある。花が風に揺れる様から金鈴花と名付けられている。

1 2 3 4 5 6 **7** 8 9 10 11 12

ニッコウキスゲ

ユリ科

草丈60～80cmの多年草。花は濃い橙黄色で長さ約10cmの漏斗状。筑波山では貴重な花のひとつ。日光地方に多く葉がスゲの葉に似ている。

1 2 3 4 5 **6** **7** 8 9 10 11 12

アカメガシワ

トウダイグサ科

樹高15mほどの落葉高木で雌雄異株。写真は雄花で雄しべが球状。葉の長さは5～20cmで、新芽は赤く成長するにつれて緑色になる。

1 2 3 4 5 **6** **7** 8 9 10 11 12

植物図鑑④ 夏の花

コバギボウシ

ユリ科

草丈30～60cmの多年草で日当たりのいい山地の湿原に生える。花は淡い紫色で長さ4～5cm。オオバギボウシよりも葉が小さく小葉擬宝珠と書く。

1 2 3 4 5 6 **7** **8** 9 10 11 12

ノハナショウブ

アヤメ科

草丈50～120cmの多年草。花径10～13cmの濃い紅紫色の花弁のつけ根は黄色で、綾目模様のアヤメや白い筋が入るカキツバタと区別できる。

1 2 3 4 5 6 **7** 8 9 10 11 12

ホタルブクロ

キキョウ科

草丈40～80cmの多年草。花は長さ4～5cmの鐘形で白色から淡い紅色まである。別名ツリガネソウ。5枚の萼片の間にそり返る付属片がある。

1 2 3 4 5 **6** 7 8 9 10 11 12

ソバナ

キキョウ科

山地の草原や林の縁などに生える多年草で、草丈は約1m。花は長さが2～3cmのラッパ形。輪生するツリガネニンジンと似るが、本種は輪生しない。

1 2 3 4 5 6 7 **8** 9 10 11 12

ヒメヤブラン

ユリ科

日当たりのいい草地に生える。葉は線形で10～20cm、花茎は5～15cmで小さな淡い紫色の花を数個つける。ヤブランに似ているがとても小さい。

1 2 3 4 5 6 **7** 8 9 10 11 12

コマツナギ

マメ科

樹高約1mの落葉小低木。約7cmの総状花序に長さ5mmほどの淡い紅紫色の蝶形の花を多数つける。葉は小葉が9～11枚の羽状複葉で、夜に閉じる。

1 2 3 4 5 6 **7** 8 9 10 11 12

ノカンゾウ

ユリ科

草丈50～70cmの多年草。野原や川べりなどのやや湿ったところに生える。花は径5～7cmの橙赤色。花びらは6枚で真ん中に黄白色の筋が入る。

1 2 3 4 5 6 **7** 8 9 10 11 12

ウチョウラン

ラン科

草丈7～20cmの多年草。深山の岩上に、1cmほどの紅紫色の花が咲く。葉は広線形で湾曲し、先が尖る。絶滅危惧II類に登録されている。

1 2 3 4 5 **6** **7** 8 9 10 11 12

イワタバコ

イワタバコ科

草丈10～20cmの多年草で、岩場に生えることが多い。花は径1.5～2cmの淡い紅紫色で先が5裂する。葉は楕円状卵形でタバコに似ている。

1 2 3 4 5 6 **7** **8** 9 10 11 12

ヒオウギ

アヤメ科

草丈50～80cmの多年草。花は径4～5cmで鮮やかな橙赤色。葉は長さ30～50cmの広剣形。葉の様子が檜扇に似ていることから名前がついた。

1 2 3 4 5 6 **7** 8 9 10 11 12

ムラサキシキブ

クマツヅラ科

山野に自生する樹高1～3mの落葉低木。淡い紫色の小さな花を集散花序に多数つける。秋口の実のほうが紫色が濃く目立つ。林道でよく目にする。

1 2 3 4 5 **6** **7** 8 9 10 11 12

ツルフジバカマ

マメ科

つる性の多年草で0.5～2mに伸びる。花は長さ1.2～1.5cmの紅紫色の蝶形の花で、総状花序に多数つける。葉は羽状複葉で長い楕円形。

1 2 3 4 5 6 7 **8** 9 10 11 12

マルバハギ

マメ科

樹高1～3mの落葉低木。花は長さ1～1.5cmの紅紫色。葉は楕円形の複葉で葉の先が丸いことから丸葉萩。つつじヶ丘などあちこちで見られる。

1 2 3 4 5 6 7 **8** **9** 10 11 12

コオニユリ

ユリ科

草丈50～150cmの多年草。花は径7cm前後の赤橙色で花弁の内側に濃い紫黒色の斑紋が入る。オニユリに似るが、小型でむかごをつけない。

1 2 3 4 5 6 **7** **8** 9 10 11 12

ツチアケビ

ラン科

草丈50～100cmの葉緑素を持たない腐生植物で、落葉樹林下に生える。花は径3cmほどで黄褐色。花の後にバナナのような形の赤い実をつける。

1 2 3 4 5 **6** **7** 8 9 10 11 12

ムヨウラン

ラン科

草丈30cm前後。無葉蘭と書くように、葉緑素を持たない腐生植物。うす暗い湿った常緑樹林内に生えるが、まるで枯れた花のような感じがする。

1 2 3 4 5 **6** **7** 8 9 10 11 12

ジャコウソウ

シソ科

草丈60～100cmの多年草。花は長さ約4cmの筒状の唇形花で紅紫色。葉は長さ10～20cmの長楕円形で対生する。茎や葉をゆすると芳香を放つ。

1 2 3 4 5 6 7 **8** **9** 10 11 12

植物図鑑5

秋の花

赤い紅葉もいいが、ひっそりと咲く、ツクバトリカブトの青、アキノキリンソウの黄、アケボノソウの白…も美しい。

シロヨメナ

キク科

草丈30～100cmの多年草で、山地や丘陵地の林縁に生える。頭花は1.5～2cmで舌状花は白く、筒状花は黄色。枝先の花序にまとまって咲く。

1 2 3 4 5 6 7 8 **9** 10 11 12

オクモミジハグマ

キク科

草丈30～80cmの多年草で山地の林内に生える。花茎を伸ばして咲く頭花は白い3つの小花からなる。葉は円心形、もしくは腎心形で輪生状につく。

1 2 3 4 5 6 7 8 **9** 10 11 12

アケボノソウ

リンドウ科

山地の湿気の多いところに生える草丈約50cmの二年草。白い花は径2～3cmで花びらの中央には黄緑色の密腺がり、先端には濃緑色の斑点がある。

1 2 3 4 5 6 7 8 **9** **10** 11 12

オトコエシ

オミナエシ科

草丈約1mになる多年草。茎の先に白い小さな花をたくさんつける。葉は羽状に裂け対生する。女郎花（オミナエシ）と比べ男性的な感じから男郎花。

1 2 3 4 5 6 7 8 **9** 10 11 12

ダイモンジソウ

ユキノシタ科

草丈10～30cmの多年草で花は白く径1～2cm。5枚の花弁のうち2本がほかより長く「大」の字に似ていることからの名。湿った岩場で見られる。

1 2 3 4 5 6 7 8 **9** 10 11 12

コウヤボウキ

キク科

樹高60～90cmの落葉低木。日当たりのいい山林に生える。花は長さ約1.5cmの白い筒状花が10数個集まってひとつの頭花を形成。葉は卵形で互生。

1 2 3 4 5 6 7 8 9 **10** 11 12

センブリ

リンドウ科

草丈約15～30cmの二年草。茎先に円錐花序を出し、白く先が5つに深く裂け薄紫色の筋がある合弁花をつける。葉は長さ2～4cmの線形で対生。

1 2 3 4 5 6 7 8 9 **10** 11 12

サラシナショウマ

キンポウゲ科

草丈1m前後に伸びる多年草。茎先に長さ10～30cmの総状花序に白い小花を密につける。葉は互生し、2～3回に分かれて多くの複葉をつける。

1 2 3 4 5 6 7 8 9 **10** 11 12

アキノキリンソウ

キク科

草丈30～80cmの多年草。茎先に小さな黄色い頭花を穂状に多数つける。下部の葉は卵形で上部は披針形。花がキリンソウに似て秋に咲くことから命名。

1 2 3 4 5 6 7 8 **9** **10** 11 12

キクイモ

キク科

草丈1.5～2.5mの多年草でアメリカ原産の帰化植物。8cmほどの黄色い頭花をつけ周りに舌状花をつける。花は菊に似て、根はイモになる。

1 2 3 4 5 6 7 8 **9** 10 11 12

キバナアキギリ

シソ科

草丈20～40cmの多年草。茎先に長さ10～20cmの花穂を出し、長さ3cm前後で淡い黄色の花を数段つける。葉は長い柄があり対生する。

1 2 3 4 5 6 7 8 **9** 10 11 12

ヤブマメ

マメ科

つる性の一年草。花は長さ2cmほどで先が青紫色の蝶形。葉の脇から総状花序を出し数個つける。葉は3出複葉で互生。薮に生える豆からの名。

1 2 3 4 5 6 7 8 **9** 10 11 12

ツクバトリカブト

キンポウゲ科

草丈40～80cmの多年草で、花は長さ3～4cmの青紫色。花弁に見えるのは萼片で本来の花弁は萼片の中に隠れている。筑波山で発見された。

1 2 3 4 5 6 7 8 **9** **10** 11 12

ヤクシソウ

キク科

草丈30～120cmの多年草。約1.5cmの黄色の頭花を枝先に多数つける。茎葉は長楕円形から倒卵形で互生。根際から生える葉は花期に枯れる。

1 2 3 4 5 6 7 8 **9** **10** 11 12

リンドウ

リンドウ科

草丈20～80cmの多年草で、日当たりのいい草原に生える。花は4～5cmの鐘形で青紫色。秋を代表する花のひとつ。花が咲くと秋も終わりを迎える。

1 2 3 4 5 6 7 8 9 **10** **11** 12

ツルリンドウ

リンドウ科

つる性の多年草で長さ40～80cmに伸びる。山地の木陰に生える。花は長さ3cmほどで普通淡い紫色だが筑波山では白っぽいものが多い。

1 2 3 4 5 6 7 8 **9** 10 11 12

メドハギ

マメ科

草丈60～100cmの多年草で、日当たりのいい草地で見られる。花は長さ7mmほどで紫色と黄色みを帯びた白。葉は3出複葉で互生する。

1 2 3 4 5 6 7 8 **9** 10 11 12

ミズヒキ

タデ科

草丈30〜80cmの多年草。細長い花穂に上半分が赤、下半分が白の小花をまばらにつける。この花から紅白の水引にたとえられて名がついた。

1	2	3	4	5	6	7	**8**	**9**	10	11	12

タムラソウ

キク科

山地の草原に生える多年草で草丈は1〜1.5m。径3〜4cmの紅紫色の花が上向きにつく。花も葉もアザミに似るが葉にはトゲがなくやわらかい。

1	2	3	4	5	6	7	8	**9**	10	11	12

ノハラアザミ

キク科

草丈50〜100cmの多年草。乾いた日当たりのいい草地に生える。頭花は赤紫色で直立して咲く。根際から生える葉は花期まで羽状に深く裂ける。

1	2	3	4	5	6	7	8	**9**	10	11	12

ツリフネソウ

ツリフネソウ科

草丈40〜80cmの一年草。沢沿いなどの湿った場所に咲く。花は紅紫色で4cmほど。花が帆かけ船をつり下げたように見えることからの命名。

1	2	3	4	5	6	7	8	**9**	**10**	11	12

ヒガンバナ

ヒガンバナ科

秋彼岸の頃に咲く草丈30〜50cmの多年草。枝も葉もない茎に8〜10cmの真っ赤な花が1つ咲くが、実際は数個の花の集まり。別名、曼珠沙華。

1	2	3	4	5	6	7	8	**9**	10	11	12

ツルボ

ユリ科

山野の日当たりのいいところに生える草丈20〜40cmの多年草。総状花序に小さな淡紅紫色の花を多数つける。葉は長さ10〜25cmの線形。

1	2	3	4	5	6	7	8	**9**	10	11	12

ワレモコウ

バラ科

草丈50〜100cmの多年草。花は花弁がなく萼片が暗紫褐色で、長さ1〜2cmの穂状花序に上から順番につけていく。地面近くに長い根出葉を出す。

1	2	3	4	5	6	7	8	**9**	10	11	12

ノダケ

セリ科

草丈80〜150cmの多年草で山野に生える。径10〜20cmの複散形花序に暗紫色の小花を多数つける。葉は柄があり、普通は3出羽状複葉。

1	2	3	4	5	6	7	8	**9**	10	11	12

ナギナタコウジュ

シソ科

草丈30〜60cmの一年草。長さ10〜15cmの花穂に径5mmほどの淡い紅紫色の唇形花を多数つける。葉は長さ3〜9cmほどの卵形で対生する。

1	2	3	4	5	6	7	8	9	**10**	11	12

動物図鑑❶

ほ乳類・野鳥

ほ乳類は23種、鳥類は120種が確認されている。食べ物の植物や昆虫、棲みかとなる大木が豊富にあるからだ。

ホンドリス

リス科

頭胴長20cm前後、尾長35cm前後。昼行性だが早朝や夕方によく目にする。樹上生活をしているが、登山道や林道を横切ることもある。

1 2 3 4 5 6 7 8 9 10 11 12

ムササビ

リス科

頭胴長40cm前後、尾長35cm前後。夜行性で、前足と後ろ足の間にある飛膜を広げて木から木へと滑空し、昆虫や木の実を食べる。

1 2 3 4 5 6 7 8 9 10 11 12

ルリビタキ

ヒタキ科

全長14cmほど。名前のとおり背中が美しい瑠璃色で、脇腹にはオレンジ色が入り下面は白い。人なつっこそうなかわいい眼を持つ。

1 2 3 4 5 6 7 8 9 10 11 12

キセキレイ

セキレイ科

腹部が黄色いセキレイの仲間。川辺を歩きながら昆虫やクモなどをエサとして捕まえている。筑波山では林道酒寄線でよく見かける。

1 2 3 4 5 6 7 8 9 10 11 12

アオゲラ

キツツキ科

頭と頬は赤く顔や首は灰色、背は青というよりくすんだ緑色。白っぽい腹部には黒の縞模様がある。ヒヨドリよりやや大きい。

1 2 3 4 5 6 7 8 9 10 11 12

カワラヒラ

アトリ科

全長15cmほど。全体に褐色で頭部は特に濃くなる。黒い翼にある黄色い模様がよく目立つ。群れで行動する冬が見つけやすい。

1 2 3 4 5 6 7 8 9 10 11 12

ヤマガラ

シジュウカラ科

全長14cmほどでシジュウカラよりやや大きめ。頭とのどは黒く、背と腹の部分が赤茶色。ヤマガラから近寄ってくることもある。

1 2 3 4 5 6 7 8 9 10 11 12

キビタキ

ヒタキ科

全長14cmほど。黄色いヒタキの名前どおり、胸と背、眉斑が黄色。翼は黒で白い斑が目立つ。筑波山には夏鳥としてやってくる。

1 2 3 4 5 6 7 8 9 10 11 12

動物図鑑② 昆虫

落葉広葉樹の森は樹木や草花の種類が多い。昆虫たちの餌場や産卵場所になっていて、多くの昆虫が暮らす。

ジャコウアゲハ

アゲハチョウ科

オスは黒色、メスは黄灰色。胴体の側面が毒々しい赤と黒なのが本種の特徴。実際、体内に毒を持っていて鳥などから身を守っている。

1 2 3 4 **5 6 7 8 9** 10 11 12

モンキアゲハ

アゲハチョウ科

後翅（こうし:後の2枚のはね）に大きな紋が目立つ大型の黒いアゲハチョウの仲間。御幸ヶ原や山頂をはじめ、ミカン園や林道などでよく見かける。

1 2 3 4 **5 6 7 8 9** 10 11 12

オオムラサキ

タテハチョウ科

日本の国蝶として知られる大型のチョウ。オスは青紫色に輝く美しい翅（はね）を持つ。メスはくすんだ紫色。近くを飛ぶと羽音が聞こえるほど迫力がある。

1 2 3 4 5 6 **7 8** 9 10 11 12

キアゲハ

アゲハチョウ科

黄色いアゲハチョウという名付けで、アゲハチョウよりやや黄色っぽい。オスは山頂で占有行動をとるため、女体山や男体山、宝篋山山頂で見られる。

1 2 3 **4 5 6 7 8 9** 10 11 12

アオスジアゲハ

アゲハチョウ科

黒地に鮮やかな半透明のような青い筋が入った美しいチョウ。アゲハチョウの仲間としてはやや小型で尾状突起もない。幼虫の食草はクスノキ。

1 2 3 4 **5 6 7 8 9 10** 11 12

アサギマダラ

マダラチョウ科

翅は黒と茶にふち取られ、半透明の水色の斑紋がある。何千kmも移動するため、各地でマーキング調査が行われている。幼虫の食草はキジョラン。

1 2 3 4 **5 6 7 8 9 10** 11 12

ミスジチョウ

タテハチョウ科

濃茶色地に、名前の由来にもなっている白い3本の筋を持つ。仲間でやや小型のコミスジなどとよく似て識別が難しい。幼虫はカエデ科が食樹。

1 2 3 4 **5 6 7** 8 9 10 11 12

ヤマキマダラヒカゲ

ジャノメチョウ科

一般的に山にいるのが本種で、里にいるのがサトキマダラヒカゲ。この2種は非常によく似ていて区別が難しい。筑波山よりも宝篋山でよく見かける。

1 2 3 4 **5 6 7 8 9** 10 11 12

ノコギリカミキリ

カミキリムシ科

体長は23〜48mmで、全体的に黒っぽいカミキリムシ。触角がギザギザしていて鋸の歯のようなので名前がついた。夏の夜、灯火にもよく飛来する。

1 2 3 4 **5 6 7 8 9** 10 11 12

ミヤマクワガタ

クワガタムシ科

深山の名前のとおり山地性のクワガタ。オスの体長は45〜75mmで、頭部が角ばって張り出している。クヌギ、コナラなどの樹液にやってくる。

1 2 3 4 5 6 **7 8** 9 10 11 12

マメコガネ

コガネムシ科

体長8〜13mmの小型のコガネムシ。頭から胸にかけては緑色で上翅は茶色。幼虫は植物の根を食べ、成虫は葉や花を食べることから害虫とされる。

1 2 3 4 **5 6 7 8** 9 10 11 12

ナツアカネ

トンボ科

腹長は25mm前後で、アキアカネによく似る。区別は胸の模様のわずかな違い。成熟したオスは顔から尾の先まで全身が真っ赤になるのが特徴。

1 2 3 4 5 **6 7 8 9 10 11** 12

ヤマサナエ

サナエトンボ科

腹長は約45mm前後の大型のサナエトンボで日本特産種。胸部側面に黒条を2本持つ。低地から低山帯の流れのある水域、特に渓流でよく見られる。

1 2 3 **4 5 6 7 8** 9 10 11 12

オニヤンマ

ヤンマ科

腹長は60〜86mmの日本最大のトンボ。エメラルドグリーンの複眼と黒地に黄色の縞模様を持つ。ギンヤンマと並んで子どもに人気が高い。

1 2 3 4 5 **6 7 8 9** 10 11 12

ツクツクボウシ

セミ科

体長26〜33mm、翅端までは40〜47mm。細身で体色は全体的に黒っぽく暗緑色の斑紋が入る。翅は透明。夏の終わりに、ツクツクオーシと鳴く。

1 2 3 4 5 6 **7 8 9 10 11** 12

ヒグラシ

セミ科

体長23〜40mm、翅端までは41〜50mm。茶褐色で、緑と黒の斑紋がある。翅は透明。薄暗い林に多いが公園にもいて、カナカナカナと鳴く。

1 2 3 4 5 6 **7 8 9** 10 11 12

ミンミンゼミ

セミ科

体長は31〜36mmで、透明な翅を持ち、胸部は黒地に緑色の斑紋がある。関東以北では平地でよく見られるが、関西では山地でしか見られない。

1 2 3 4 5 6 **7 8 9 10** 11 12

STAFF

● 企画・編集・制作　　　スタジオパラム

● Director　　　　　　清水信次
● Editor & Writer　　　小田慎一
　　　　　　　　　　　樋口一成
　　　　　　　　　　　島上絹子
　　　　　　　　　　　西村　泉
　　　　　　　　　　　山本　明
● Camera　　　　　　村井貴子
● Illustration　　　　　渡部直子
● Design　　　　　　　スタジオパラム
● Map　　　　　　　　ジェオ
● Special thanks　　　筑波観光鉄道株式会社、つくば観光コンベンション協会、
　　　　　　　　　　　筑波山神社、亀井ホテル 筑波山、877Stand、AYANEN
● 写真提供　　　　　　つくば新聞

【四季のイベント】P11右下　【筑波山コース】P36下、P40左上、P41上、P42、P43 3点、P44全3点、P45左上、P46 2点、P47右上2点、P48右上・下、P49上、P50全3点、P51全3点(旬の花除く)
【宝篋山コース】P58中2点、P60右上、P62 1点、P64全3点、P65上2点、P66〜67全6点(旬の花除く)

筑波山　徹底パーフェクトガイド　新装版
この1冊で山歩きから観光まで！

2025年1月20日　第1版・第1刷発行

著　者　　筑波山ガイド編集室 (つくばさんがいどへんしゅうしつ)
発行者　　株式会社メイツユニバーサルコンテンツ
　　　　　代表者　大羽　孝志
　　　　　〒102-0093 東京都千代田区平河町一丁目1-8
印　刷　　株式会社厚徳社

◎『メイツ出版』は当社の商標です。

● 本書の一部、あるいは全部を無断でコピーすることは、法律で認められた場合を除き、
　 著作権の侵害となりますので禁止します。
● 定価はカバーに表示してあります。
© スタジオパラム,2015,2020,2025. ISBN978-4-7804-2981-7 C2026 Printed in Japan.

ご意見・ご感想はホームページから承っております。
ウェブサイト　https://www.mates-publishing.co.jp/

企画担当：堀明研斗／清岡香奈

※本書は2020年発行の『筑波山 徹底パーフェクトガイド この1冊で山歩きから観光まで!』
の内容の情報更新と加筆・修正を行い、装丁を変更して発行したものです。